Sammlung Göschen

Römische Rechtsgeschichte

Von

Dr. Robert von Mayr
Prof. an der Deutschen Universität Prag

II. Buch

Die Zeit des Amts- und Verkehrsrechtes

2. Hälfte: Das Privatrecht II
Schuldverhältnisse und Erbschaft

Berlin und Leipzig
G. J. Göschen'sche Verlagshandlung G. m. b. H.
1913

Druck
der Spamerschen
Buchdruckerei zu Leipzig

Inhalt.

Zweites Buch.

Die Zeit des Amts- und Verkehrsrechtes

(von der Schaffung der Prätur bis zur Regierung Hadrians).

2. Hälfte: Das Privatrecht.

2. Abteilung: Schuldverhältnisse und Erbschaft.

Drittes Kapitel: Die Schuldverhältnisse.

Schon in vorhistorische Zeit reicht auch in Rom das Schuldverhältnis, die rechtlich bindende Verpflichtung einer Person gegenüber einer anderen zu einer bestimmten Leistung. War ihre ursprüngliche Gestalt vermutlich Bußleistung für eine widerrechtliche Handlung und spaltete sich anscheinend die rechtsgeschäftlich begründete Verpflichtung ehedem in die zwei selbständigen Erscheinungen der Schuld und Haftung, so entwickelte sich doch aus diesen Ansätzen schon sehr bald der einheitliche Begriff des Schuldverhältnisses, das den Schuldner als solchen haften läßt, die Obligation als iuris vinculum, quo necessitate adstringimur alicuius solvendae rei secundum nostrae civitatis iura. Doch scheint auch hier das klassische Recht nicht zu einem solchen Grade der Abstraktion vorgedrungen zu sein, daß es aus einem einheitlichen Begriffe der Obligation allgemeine Grundsätze entwickelt und jede diesen gemeinsamen Merkmalen entsprechende Rechtsfigur mit den Wirkungen der Obligation ausgestattet hätte. Wie allenthalben waren vielmehr auch hier praktische Erwägungen dafür entscheidend, ob, wann und inwieweit ein diesen allgemeinen Erfordernissen entsprechendes Verhältnis rechtlich anerkannt wurde. Das römische Recht kannte keinen dogmatischen Begriff der Obligation, sondern nur historisch gewordene einzelne Obligationsverhältnisse, nicht die Obligation als solche, sondern nur einzelne, bestimmte Obligationen.

Dieser Standpunkt spiegelte sich schon in der Terminologie wieder. Der einheitliche Begriff der Obligation ist nicht nur noch Plautus völlig fremd, der obligatio nur einmal juristisch und da für Verpfändung verwendet. Auch Cicero kennt die obligatio noch nicht als juristischen Begriff und mit obligare bezeichnet er zwar nicht mehr bloß die Verpfändung (fortunas obligare), sondern auch schon die obligatorische Verpflichtung (poenis, scelere, nexu, verbo, pactionibus, fidem obligare), doch nicht als allgemeinen Begriff, sondern bloß im Hinblick auf bestimmte, einzelne Verhältnisse und stets im Sinn eines vinculum iuris. Selbst Gajus spricht zwar wiederholt von obligationes, enthält sich aber noch einer allgemeinen Begriffsbestimmung. Immerhin scheint die Theorie seiner Zeit sich bereits mit dem Problem beschäftigt zu haben. Wenigstens ist es nicht unwahrscheinlich, daß die zuvor erwähnte Definition der Justinianischen Institutionen dem Institutionenwerke des Florentinus, eines Antoninischen Juristen entlehnt war. Dagegen ist die andere, ebenso häufig berufene Begriffsbestimmung — obligationum substantia non in eo consistit, ut aliquid corpus nostrum vel aliquam servitutem nostram faciat, sed ut alium nobis obstringat ad dandum aliquid vel faciendum vel praestandum — vielleicht erst das Werk der Kompilatoren, die damit zum Inhalte der Obligation erklärten, was für die klassische oder auch erst nachklassische Rechtswissenschaft das Wesen der actio ausmachte.

Das Gebiet des Prozesses war es ja fast ausschließlich, auf dem der Gegensatz der Rechte scharf hervortrat. Hier bedeutete actio anscheinend von jeher, wenigstens vorzugsweise, die actio in personam im Gegensatze zur vindicatio, zur actio in rem, und darum auch häufig das Forderungsrecht schlechtweg. Die Vorstellung „eines präsenten gegen einen bestimmten Gegner sich richtenden Verlangendürfens“ fehlte zwar nicht ganz. Aber der Begriff des „Anspruches“ war in den Quellen nirgends formuliert. Er fand niemals theoretische Anerkennung. Er verschwand stets hinter der actio. Nur soweit die actio reichte, anerkannte das römische Recht eine „Obligation“, eine Herrschaft des Gläubigers (creditor) über den Schuldner (debitor).

Als Entstehungsgründe solcher persönlicher Herrschaftsverhältnisse galten dem klassischen Rechte nur contractus und delicta, Verträge und unerlaubte Handlungen. Die Drei- oder Viergliederung (contractus, delicta, variae causarum figurae — Kontrakt, Delikt, Quasikontrakt und Quasidelikt) ist durchwegs erst Interpolationswerk. Selbst die Zweiteilung darf nicht allzuweit in die Vergangenheit hinaufgerückt werden, ist wohl auch erst der Rechtswissenschaft der beginnenden Kaiserzeit zu danken. Ursprünglich begründete vermutlich nur die unerlaubte Handlung, das Delikt, Haftung. Erst indem man allmählich auch in gewissen Fällen des Treubruches ein Delikt erblickte, sah man unter Umständen im Vertrag einen zweiten Haftungsgrund. Wo diese deliktische Basis fehlte, mußte für den Vertrag Haftung besonders übernommen werden. Seitdem regelmäßig der Schuldner selbst die Haftung übernahm, übertrug sich die Form des Haftungsgeschäftes auf den Schuldvertrag selbst (sponsio) und begründete Haftung für das feierlich gegebene Wort. Schließlich erzwang das Verkehrsbedürfnis für gewisse, streng umschriebene Tatbestände Anerkennung der einfachen, formlos übernommenen Verpflichtung. Auf dieser Bahn schritten der Prätor und die Kaiser fort. Zu einer grundsätzlichen Anerkennung der formlosen Vereinbarung als solcher ist es jedoch niemals gekommen.

Zwei Elemente sind es daher vor allem, deren Entwicklung und Umbildung den Charakter des römischen Schuldrechtes bestimmten, der Begriff der Widerrechtlichkeit und der Formalismus.

Es finden sich zwar noch Spuren davon, daß im römischen Rechte wie in allen altertümlichen Rechtsordnungen ehedem Erfolg und Kausalität allein schon haftbar machten, nicht erst das Bewußtsein der Widerrechtlichkeit Verantwortung begründete. Das historische Recht verlangte jedoch grundsätzlich Verschulden des Täters. Diese bewußte Rechtswidrigkeit, nicht Arglist allein, wurde technisch als dolus bezeichnet. Schon in republikanischer Zeit verstand man darunter nicht mehr bloß die Verletzung bestimmter Gesetze oder subjektiver Rechte, sondern jedes Verhalten, das den Grundsätzen von Treu und Glauben im Verkehr widersprach, allmählich sogar ohne Rücksicht auf Vorbedachtheit und Berechnung, mit einem Worte den Gegensatz zur bona fides, den heute sogenannten dolus generalis, während (in spätrepublikanischer und klassischer Zeit) der Betrug im technischen Sinne zumeist als fraus (et dolus) bezeichnet wurde. Dieser Sinn wohnte nicht nur bereits der clausula doli bei Stipulationen inne, sondern lag namentlich auch der sogenannten exceptio doli generalis und der actio doli zugrunde, die eben darum eine unentbehrliche Ergänzung des „engherzigen" Kontrakts- und Schadenersatzrechtes bot.

Diese umfassende und schillernde Bedeutung des dolus macht es verständlich, daß er anscheinend geraume Zeit das Gebiet der Rechtswidrigkeit allein beherrschte. Noch die Zwölftafeln kannten als Gegensatz zum sciens prudensque nur den, qui casu commiserit. Die culpa war ihnen als besondere Verschuldensform noch fremd. Noch Cicero verwandte culpa wenigstens gelegentlich im weiteren, den dolus einschließenden Sinne des Verschuldens überhaupt. Immerhin nahm culpa in der Juristensprache schon frühzeitig die engere technische Bedeutung der nicht vorsätzlichen, aber dennoch zurechenbaren, weil fahrlässigen Verursachung an, zunächst freilich anscheinend bloß die des fahrlässigen Handelns (kommissive culpa), nicht auch schon die des fahrlässigen Unterlassens, der negligentia, des omissiven Verschuldens. Namentlich bei Stipulationsschulden (auf dare) ist es während der ganzen klassischen Zeit dabei geblieben. Überhaupt wies die culpa im klassischen Recht ein sehr beschränktes Anwendungsgebiet auf. Die einfachen und klaren Züge dieser Entwicklung hat allerdings erst jüngst Mitteis von der verwirrenden Entstellung durch die Kompilatoren befreit.

Der gesamte Begriff der culpa lata trat erst sehr spät auf. Den beiden ersten Jahrhunderten der Kaiserzeit war er noch unbekannt. Das klassische Recht kannte nur Dolus- und Diligenzhaftung. Auch das maßgebende Kriterium, das, vielleicht auf Julian zurückgehend, zuerst bei Africanus auftaucht, daß es bei Verschuldenshaftung aus Verträgen darauf ankomme, ob utriusque contrahentis commodum versatur oder unius solius commodum, war nicht das ursprüngliche. Entscheidend war vielmehr von Haus aus allem Anscheine nach der Gegensatz zwischen den infamierenden (a° mandati, tutelae, pro socio, depositi etc.) und den nicht infamierenden Klagen. Die infamierenden machten bloß für Verletzung der bona fides, für dolus (und fraus) haftbar. Die Kulpahaftung des Mandatars und Tutors war zu mindest dem vorseverischen Rechte durchaus fremd. Die anderen Klagen standen unter der Herrschaft der Diligenz-(culpa-)Haftung.

Dieses einfache Prinzip erscheint in manchen Fällen durchbrochen durch die sogenannte diligentia quam suis (rebus adhibere solet), deren Vernachlässigung die Neueren im Gegensatze zu dem nach einem allgemeinen Maßstabe (boni patris familias) bemessenen Verschulden (culpa in abstracto) als culpa in concreto bezeichnen. Sie ist in verläßlicher Überlieferung zuerst bei Celsus auf die Tutel angewendet. Von zweifelhafter Echtheit ist bereits ihre Anwendung auf die Sozietät durch Gajus. In den übrigen Fällen ist sie höchstwahrscheinlich oder sicher Interpolationskunst. Gerade die für das klassische Recht einigermaßen sicheren Anwendungsfälle sind jedoch nichts anderes als Spielarten des dolus, als Ausfluß des Gedankens, daß die Zurücksetzung fremder Angelegenheiten gegenüber den eigenen natürlich sei. Im großen und ganzen läßt sich daher die Verschuldenshaftung des klassischen Rechtes auf die beiden einfachen Begriffe des dolus und der diligentia reduzieren.

Der Formalismus war ein innerer und äußerer. Die Form war, unabhängig vom Inhalte des Rechtsaktes, für dessen Rechtswirkung entscheidend. Der in der vorgeschriebenen Form vorgenommene Rechtsakt wirkte kraft seiner Form, unabhängig vom Willen des Handelnden. Darum erzeugte auch die vom willensunfähigen Kinde mit Vollwort des Tutors gebrauchte Rechtsformel ein gültiges Rechtsgeschäft. Darum fanden dolus und metus erst durch das prätorische Recht Berücksichtigung. Darum waren vielleicht auch Scherz- (iocandi causa) und Scheingeschäft (Simulation und Mentalreservation) unanfechtbar, ließ vielleicht auch ein wesentlicher Geschäftsirrtum (error) die Gültigkeit des Formalaktes unberührt. Doch ist darauf aus den Quellen keine zuverlässige Antwort zu erhalten, der Schluß von der Ignorierung des Zwanges auf die des Irrtums wohl nicht verläßlich. Mit dem Schwinden des Formalismus gewann jedenfalls der Wille die Oberhand über die Form. Schon Varro nahm an, daß die zum Scherze geschlossene sponsio unwirksam sei. Ebenso behandelte das klassische Recht das simulierte Geschäft als ungültig, während das dahinter (z. B. hinter einem Kaufe) verborgene, wirklich gewollte, dissimulierte Geschäft (z. B. Schenkung) gültig war, wenn es den dafür erforderten Voraussetzungen entsprach.

Desgleichen machte nun der wesentliche Irrtum, der unbeabsichtigte Widerspruch zwischen Wille und Erklärung das Geschäft ungültig, wenn er die Natur des Geschäftes (error in negotio), die Person (error in persona) oder den Gegenstand (error in corpore) betraf. Nur erschweren das Ineinandergreifen von zivilem und prätorischem Rechte, der Mangel einer allgemeinen Norm, die an deren Statt herrschende „Buntscheckigkeit" der leges perfectae, imperfectae und minus quam perfectae sowie die dadurch bedingte, rein individualisierende Behandlung der einzelnen Ungültigkeitsfälle, wie sonst, so auch hier die Entscheidung, welcher Art diese Ungültigkeit, ob sie (absolute, relative) Nichtigkeit oder Anfechtbarkeit war. Die Regel bildete im Zivilrecht zwar die absolute, unheilbare Nichtigkeit. Hier trat aber vermutlich bloß Anfechtbarkeit ein.

Die Rechtswirkung knüpfte nicht an den Parteiwillen als solchen, sondern nur an den in bestimmter Form erklärten Willen an. Die römischen Rechtsformen waren wenigstens von Haus aus „Realformen", die nicht wie die des deutschen Rechtes den Rechtsakt bloß mit bildlichen Formen umkleideten, sondern dessen wesentliche Elemente zur äußeren Erscheinung brachten. Man denke bloß an die beiden allgemeinsten Geschäftstypen, an die gesta per aes et libram und an die in iure cessio. Erst mit der Einführung des gemünzten Geldes verlor die Form des Libralaktes ihren realen Charakter. Dadurch wurde der Formalakt imaginär (nicht Scheingeschäft, da er sich als Abbild des realen Geschäftes gab, nicht den Schein eines wirklichen Geschäftes erzeugen wollte). Damit erlangte die Form gewissermaßen gesteigerte Bedeutung, da nicht bloß der einfache Realakt ohne die Form wirkungslos war, sondern umgekehrt der Formalakt auch ohne Begleitung des Realgeschäftes die beabsichtigte Rechtswirkung hervorbrachte. Die einfache Zahlung war wirkungslos. Die solutio per aes et libram wirkte (als Erlaß) befreiend auch ohne Zahlung. Doch blieb auch hier die Reaktion nicht aus. Der Formalismus wurde vornehmlich durch den Einfluß des ius gentium allmählich abgeschwächt. Schon gegen Ende des Freistaates wurden gewisse Veränderungen des ursprünglichen Wortlautes der certa et sollemnia verba gestattet. Es wurde, wenigstens wo es sich nicht um reine Zivilakte handelte, der Gebrauch fremder Sprachen, namentlich des Griechischen zugelassen u. a. m. Nur darf man den äußeren Formalismus nicht als ausschließliche Eigenheit des Zivilrechtes, absolute Formlosigkeit nicht als das Kriterium des Amtsrechtes ansehen. Die Formen des Amtsrechtes zeichneten sich freilich stets durch „größere Biegsamkeit" aus. Aber völlig verzichtete auch der Prätor nicht darauf. Das Fideikommiß verlangte bis zur Zeit der Severe eine bestimmte Form der Erklärung. Die Freilassungserklärung der prätorisch-junianischen Freilassung war an bestimmte Formen gebunden. Die Bestellung des cognitor, die vielleicht prätorischen Ursprunges war, erheischte sogar strenge und starre Formeln.

Verschulden und Formalakt waren die Wurzeln obligatorischer Haftung im römischen Recht. Ihnen entspricht in historischer Zeit die Zweiteilung in Delikts- und Kontraktshaftung.

Der Kreis der Privatdelikte, jener unerlaubten Handlungen, deren Sühnung dem Verletzten überlassen blieb, erfuhr, entsprechend der auch das römische Recht immer mehr beherrschenden Tendenz, in dem Delikte nicht bloß die Schädigung des einzelnen, sondern auch die Gefährdung der allgemeinen Sicherheit, die Störung des öffentlichen Friedens zu ahnden, im Laufe der Zeit eher eine Einschränkung zugunsten des öffentlichen Strafrechtes. Die Privatdelikte des historischen Rechtes erschöpften sich so ziemlich in der Vierzahl furtum, rapina (bona vi rapta), damnum (iniuria datum), iniuria.

Die vom Prätor besonders konstruierten Delikte, metus, dolus und fraus, waren gewissermaßen nur verselbständigte Ausschnitte dieser älteren Tatbestände. Ebenso stellen zahlreiche andere Sonderdelikte des späteren Rechts nicht so sehr eine Vermehrung als vielmehr eine Verfeinerung der bereits gegebenen Tatbestände dar.

Inhalt und Umfang des Diebstahlbegriffs blieben im wesentlichen unverändert: qui invito domino alienam rem contrectat. Nach wie vor umfaßte der Tatbestand die heute getrennten Delikte des Raubes, des Diebstahls und der Unterschlagung. Gegen Ende der Republik ließ es sich die Rechtswissenschaft angelegen sein, die Elemente dieses Tatbestandes gründlicher zu erfassen. Auf diese Weise gelangte sie zu den dem älteren Rechte fremden Begriffen des furtum usus und possessionis. Schon Brutus und Q. Scävola scheinen den unbefugten Gebrauch und Genuß einer fremden Sache (furtum usus) dem furtum rei gleichgeachtet, wenigstens Labeo und Sabinus bereits die widerrechtliche Besitznahme auch ohne die Absicht der Eigentumsaneignung (furtum possessionis), z. B. die Entwendung des Faustpfandes durch den Eigentümer, als furtum angesehen zu haben.

Nicht unerhebliche Wandlungen erfuhr die rechtliche Behandlung der einzelnen Tatbestände. Das furtum nec manifestum begründete wie bisher den Anspruch auf Ersatz des doppelten Wertes (duplum) des gestohlenen Gutes als Strafe. Auch der Anspruch auf das triplum wegen furtum conceptum und oblatum blieb unverändert. Geldstrafe und zwar das quadruplum normierte der Prätor dagegen nun auch als einzige Strafe des furtum manifestum und dieselbe Strafe setzte er auf das furtum prohibitum, gegen den, der sich der Nachforschung lance licioque widersetzte, die mit einigen Modifikationen noch in der Kaiserzeit in Gebrauch gewesen zu sein scheint. Dazu fügte er endlich eine actio furti non exhibiti mit unbekanntem Strafsatze gegen den, der die durch Nachforschung lance licioque gefundene Sache nicht herausgab.

Die Diebstahlsklage (actio furti) stand jedem zu, der durch den Diebstahl geschädigt war, cuius interest rem non subripi, rem salvam esse, dem Eigentümer, dem Pfandgläubiger, dem Nießbraucher und selbst dem (für die Sache verantwortlichen) einfachen „Detentor", nicht bloß gegen den Dieb selbst, sondern auch gegen den, der zum Diebstahl (ope consiliove) Beihilfe geleistet hatte. Sie wirkte infamierend und war aktiv, nicht auch passiv vererblich. Überdies bot nun an Stelle der rei vindicatio die condictio furtiva dem Eigentümer die Möglichkeit, die Sache selbst oder, wenn sie nicht mehr vorhanden war, deren Ersatz vom Dieb oder von dessen Erben zu fordern. An der „Anomalie" des dare oportere dieser condictio (des Eigentümers) darf man um so weniger Anstoß nehmen, als die Annahme der technischen Bedeutung von ziviler Eigentumsverschaffung für dare nicht haltbar erscheint und die Regel, daß niemand sein Eigentum kondizieren könne, nicht ursprünglich sein dürfte.

Einen besonderen Fall stellte die vom Prätor normierte Haftung der nautae caupones und stabularii für Diebstähle (und Sachbeschädigungen) ihrer Bediensteten an den von den Reisenden eingebrachten Sachen dar. Ihr dienten in factum konzipierte Klagen auf das duplum.

Die Strafverfolgung des Diebstahls war grundsätzlich nur privater Natur; bloß der Erntediebstahl war schon in den Zwölftafeln mit öffentlicher Strafe bedroht. Im Zusammenhange mit den leges iudiciorum publicorum wurden dann auch andere qualifizierte Fälle von Diebstahl in das öffentliche Strafrecht einbezogen. Überdies konnte Diebstahl schon in republikanischer Zeit im Interesse der öffentlichen Sicherheit und Ordnung durch coercitio des Beamten geahndet werden. Aus der polizeilichen Tätigkeit der kaiserlichen Beamten entwickelte sich schließlich allgemein eine richterliche. Doch erst in nachklassischer Zeit konnte der Bestohlene überhaupt an Stelle der privaten actio furti öffentliche Strafverfolgung veranlassen.

Der Prätor M. Lucullus Licinianus erließ, durch die infolge der Bürgerkriege immer mehr um sich greifende Unsicherheit veranlaßt (678 a. u. c.), ein Edikt, durch das er gegen Sachbeschädigung (si damnum quid factum esse dicetur) oder -entziehung (sive cuius bona vi rapta esse dicentur) durch eine Bande von Tätern (hominibus armatis coactisve) Rechtsschutz verhieß. Die Klage gewährte dem Verletzten innerhalb eines Jahres Anspruch auf das quadruplum, hernach auf das simplum des erlittenen Schadens. Überdies stand ihm — wenigstens nach der herrschenden Meinung — die rei vindicatio oder condictio (furtiva) hier ebenso zu Gebote wie neben der actio furti. Erst Justinian ließ diesen Anspruch in der Deliktsklage selbst aufgehen. Dagegen schloß die auf Grund des Ediktes gewährte Klage die Anwendung der actio furti auf Grund desselben Tatbestandes aus. Das Edikt sah zwei Fälle vor und gewährte demnach auch anscheinend zwei Klagen, eine, die man de damno vi hominibus armatis coactisve dato nennen könnte, die den durch dolus und Zusammenrottung qualifizierten Tatbestand der lex Aquilia voraussetzte und dem ursprünglichen (Peregrinen —?) Edikte des Lucullus vielleicht allein vorschwebte, sowie die actio vi bonorum raptorum, die den als Raub qualifizierten Diebstahl im Auge hatte, darum gleich der Diebstahlsklage infamierte und, seit mit der Kaiserherrschaft geordnete Verhältnisse wiedergekehrt waren, die andere an praktischer Bedeutung weit überragte und darum in den theoretischen Erörterungen der Juristen fast völlig verdrängte. Mit dem privaten Anspruche konkurrierte seit der lex Iulia de vi die kriminelle Strafe.

Das damnum iniuria datum, die widerrechtliche Sachbeschädigung war und blieb durch die lex Aquilia geregelt. Die Rechtswissenschaft und, ihr folgend, der Prätor erweiterten nur den Tatbestand, indem sie einerseits nicht mehr streng an dem engen Kausalzusammenhange des Gesetzes (damnum corpore corpori datum) festhielten, andererseits den Anspruch nicht mehr auf den Eigentümer beschränkten. Das Verschulden mußte zwar nach wie vor ein positives (facere) sein. Aber die Klage wurde utiliter ad exemplum legis Aquiliae als actio in factum gewährt, wenn dem Schuldner zwar nicht ein occidere, aber doch ein causam mortis praestare zur Last fiel, und so überhaupt, wenn die Sachbeschädigung auch nicht unmittelbar zugefügt war. In persönlicher Beziehung fand eine Ausdehnung der aktiven und passiven Sachlegitimation teils wiederum durch conceptio in factum, teils durch fiktizische Formeln zugunsten des bonae fidei possessor, des Pfandgläubigers, des Nießbrauchers, des Gebrauchsberechtigten, nicht auch zugunsten des persönlichen Gläubigers, der auf die actio doli beschränkt war, dagegen auch zugunsten Fremder und gegen Fremde statt. Doch sind die Quellen, die die Ausdehnung der Aktivlegitimation bezeugen, zum Teil nicht frei vom Verdacht der Interpolation. Vielleicht geben sie nur den nachklassischen oder gar erst den justinianischen Rechtszustand wieder.

Immerhin nahm die actio legis Aquiliae schon im klassischen Rechte nahezu den Charakter einer allgemeinen Schadenersatzklage an. Sie versagte nur dort, wo jeder Anklang an ihre ursprünglichen Voraussetzungen fehlte. Hier halfen wenigstens zum Teile Sonderklagen des Prätors ab wie die actio de servo corrupto auf das duplum gegen den Verführer, die Klagen wegen Mißbrauchs der „Amtsgewalt" (si iudex litem suam facit; si mensor falsum modum dixerit), die Ansprüche wegen Verletzung religiöser Interessen (actio de sepulcro violato). Aus verwandten Erwägungen gewährte der Prätor eine actio in factum auf das duplum des an einem Sklaven oder an einer (anderen) Sache, eine actio in bonum et aequum concepta wegen des am eigenen Leibe erlittenen Schadens gegen den Wohnungsinhaber, aus dessen Wohnung etwas herabgeworfen oder gegossen worden war (effusa et deiecta), sowie eine Popularklage auf eine fixe Buße, wenn ein Freier dadurch getötet oder wenn etwas in gemeingefährlicher Weise über die öffentliche Straße gestellt oder gehängt (posita et suspensa) war. Auffallend an diesen Tatbeständen war die Haftung des Wohnungsinhabers als solchen ohne Rücksicht auf ein ihm unmittelbar zur Last fallendes Verschulden. Das war vielleicht einer der Gründe, warum sie Justinian mit der Haftung des „ungetreuen" Richters (si iudex litem suam facit) und mit der des Unternehmers (nautae etc.) zu der Gruppe der Quasidelikte vereinigte. Mit demselben Rechte hätte er aber noch andere Fälle hierher stellen können, wie etwa die aus dem edictum de feris entspringende Haftung des „Tierhalters", der in der Nähe eines öffentlichen Ortes wilde oder gefährliche Tiere hielt.

Die breiteste Basis für den Schutz gegen deliktischen Angriff gewährte im klassischen Rechte die actio iniuriarum. Galt zwar von jeher als iniuria im weitesten Sinne omne quod non iure fit, so umfaßte der Begriff im Zwölftafelrecht doch nur gewisse, erschöpfend aufgezählte Angriffe auf die Person. Diese Tatbestände waren teils zu eng, teils mit Strafen bedroht, die fortgeschrittenen sozialen Anschauungen widersprachen. Darum griff der Prätor in beiden Richtungen ein. Er übernahm nicht bloß die alten Tatbestände in sein Edikt, sondern fügte eine Reihe neuer (convicium, das Schmähgedicht, attemptata pudicitia, contumelia, infamandi causa factum) hinzu, die namentlich auch die bloß wörtliche Beleidigung trafen und aus deren Zusammenhalt die Theorie allmählich den Grundsatz erschloß, daß jeder physische oder moralische Angriff auf die Persönlichkeit, jede absichtliche Nichtachtung der Persönlichkeit (animus iniuriandi) den Tatbestand der iniuria begründe. Damit wurden auch „Jagdrecht" und „Autorrecht" in gewissem Sinn eines Rechtsschutzes teilhaftig.

An Stelle des festen Strafsatzes der Zwölftafeln setzte der Prätor, und zwar vermutlich zunächst der Fremdenprätor, durch die griechische *δίκη αἰκίας* angeregt, jedenfalls vor der lex Cornelia Sullas das Ermessen des Richters (actio iniuriarum aestimatoria). Die in bonum et aequum konzipierte Klage war infamierend und beiderseits unvererblich. Sie erlosch nach Ablauf eines annus utilis.

Durch die lex Cornelia de iniuriis wurden Körperverletzung (pulsare, verberare) und Hausfriedensbruch (vi domum introire) zu öffentlichen Delikten gemacht, der actio iniuriarum entzogen und wahrscheinlich einer quaestio perpetua zugewiesen. Auf dieser Bahn schritt das Kaiserrecht weiter. Ein allgemeines Wahlrecht zwischen Injurienklage und öffentlicher Bestrafung des Täters scheint jedoch erst in severischer Zeit anerkannt worden zu sein.

Fast um dieselbe Zeit (kurz vor 683, 675?, 676? a. u. c.) und vermutlich unter dem Drucke derselben Verhältnisse, die Lucullus zu seinem Edikte veranlaßten, gewährte ein Prätor Octavius eine actio in factum (quod metus causa; formula Octaviana) innerhalb eines annus utilis auf das quadruplum, dann auf das simplum, dem, der durch Gewalt oder Drohung (vis metusve causa) zur Herausgabe einer Sache, später überhaupt zu einer ihm nachträglichen Rechtshandlung gezwungen worden war (coactus volui attamen volui), während man bis dahin anscheinend die Straffolgen der verbrecherischen Handlung und die durch die Mitwirkung öffentlicher Organe oder von Zeugen gegebene Kontrolle des Zivilgeschäftes als hinlänglichen Schutz angesehen hatte. Die Klage war actio arbitraria, bot also dem Belangten Gelegenheit, sich durch Restitution des widerrechtlichen Vorteiles den Straffolgen zu entziehen. Sie richtete sich gegen den Urheber des metus, mochte er auch an dem angefochtenen Geschäfte selbst nicht beteiligt sein, später auch gegen jeden Dritten, der daraus Nutzen gezogen hatte (sogenannte actio in rem scripta). Ebenso gewährte der Prätor zur Verteidigung gegen die Klage aus dem rechtswidrigen Geschäft eine exceptio (metus) und allenfalls in integrum restitutio, beides zwar anscheinend nicht viel später — schon Cicero kennt die restitutio, wenigstens bereits Labeo auch die exceptio —, aber, wie man heute wohl mit Grund annimmt, doch erst im Anschluß an die actio.

Zweck und Erfolg aller drei Rechtsmittel war im wesentlichen die Entkräftung des erzwungenen Zivilgeschäftes. Darum verlor sich auch ihr deliktischer Charakter immer mehr und mehr. Er erhielt sich zwar insofern, als die Klage auch als Noxalklage auftreten konnte, als sie nach Ablauf eines Jahres auf das simplum reduziert wurde und als sie passiv unvererblich oder (in der Kaiserzeit) wenigstens doch nur nach Maßgabe der Bereicherung vererblich war. Im Gegensatze zur actio furti oder legis Aquiliae wirkte dagegen hier bei einer Mehrheit von Schuldigen die Leistung des einen auch für die übrigen befreiend.

All das galt mutatis mutandis auch für den dolus (malus). Zu einem selbständigen Delikte wurde die betrügerische Verleitung zu einer Rechtshandlung wahrscheinlich durch den Prätor Aquilius Gallus (688 a. u. c.) gemacht. Auch hier folgte der actio in factum (de dolo), der arbiträren, nach Ablauf eines Jahres durch eine actio in factum auf die Bereicherung ersetzten Annalklage, die jedoch von vornherein auf das simplum beschränkt, nur in personam, gegen den Urheber des dolus zuständig war und bloß subsidiär, mangels jedes anderen Rechtsmittels, causa cognita Platz griff, noch vor Labeo die exceptio, anscheinend erst in Hadrians Tagen die in integrum restitutio. Auch die actio doli nahm immer mehr auf Kosten ihres deliktischen Charakters die Bedeutung eines Anfechtungsmittels gegenüber dem erlisteten Zivilgeschäft an. Andererseits gewann sie dank dem bereits geschilderten Bedeutungswechsel des dolus stetig an praktischer Bedeutung als allgemeine Schadenersatzklage.

Ein deliktischer Tatbestand eigener Art ergab sich endlich

als Widerspiel der Umwandlung des Zwangsvollstreckungsverfahrens aus einer Personal- zur Realexekution im letzten Jahrhunderte der Republik. Die drohende missio in possessionem verleitete den Schuldner zur Verschleuderung seines Vermögens auf Gefahr seiner Zahlungsfähigkeit zum Nachteile der Gläubiger (alienatio in fraudem creditorum, den Begriff im weitesten Sinne, nicht bloß in dem der (positiven) Veräußerung, sondern auch in dem des (negativen) Verzichtes auf ein bereits begründetes, nicht erst zu erwerbendes Recht genommen). Dem Schutze gegen solche Vorgänge diente die sogenannte actio Pauliana Justinians, dessen Reformversuche die klassische Gestalt dieses Schutzes bis zur Unkenntlichkeit entstellt haben. Am glaubwürdigsten erscheint noch immer Lenels Rekonstruktion. Demnach gewährte das Edikt zweifache Abhilfe: dem curator bonorum, dem „Konkursverwalter", in integrum restitutio innerhalb eines annus utilis gegen fraudationis causa gesta mit anschließender actio (in rem) rescissa alienatione (vel liberatione) gegen den unredlichen Erwerber (qui fraudem non ignoraverit) oder gegen den Veräußerer (fraudator) selbst; dem absichtlich (fraudandi causa, consilio fraudis) und erfolgreich (eventus damni) geschädigten einzelnen Gläubiger — anscheinend schon zu Ciceros Zeit — ein interdictum (fraudatorium) gegen den unredlichen Erwerber (sciens fraudis), gegen den redlichen (inscius fraudis) causa cognita, innerhalb eines annus utilis auf Rückstellung der Sache (rei restituendae gratia), falls sie verweigert wurde, auf das Interesse. Die besondere Fassung der Formel des diesem Zwecke dienenden iudicium arbitrarium gab ihm vermutlich einen eigenen Namen, den die Byzantiner dann der von den Kompilatoren geschaffenen Anfechtungsklage beilegten: actio Pauliana.

Ähnlichen Zwecken dienten für einen besonderen Fall die arbiträren, in factum konzipierten actio Fabiana und Calvisiana. Mit ihrer Hilfe focht der Patron solche Rechtshandlungen des Freigelassenen an, durch die er mortis causa oder dolo malo inter vivos sein Vermögen zum Nachteile des dem Patron auch contra tabulas zustehenden Erbrechtes verkürzt hatte, gleichgültig, ob der Erwerber redlich oder unredlich war, mit der Fabiana, wenn der Freigelassene testatus, mit der anderen, wenn er intestatus verstorben war.

Der Deliktsanspruch gewährte bald nur Ersatz (condictio furtiva, actio doli), bald nur Strafe (actio furti), bald beides (actio legis Aquiliae). In diesem Sinn unterschieden Gajus und ihm folgend Justinian actiones, quibus rem tantum, quibus poenam tantum, quibus rem et poenam persequimur, Sach-, Straf- und gemischte Klagen, actiones rei persecutoriae, poenales, mixtae. Die Unterscheidung gehört jedoch erst dem späteren Recht an, die Dreiteilung findet sich überhaupt nur bei den genannten, die „gemischten Klagen" erfreuten sich als solche im klassischen Recht nicht ungeteilter Anerkennung. Ebenso hatten die Römer keinen feststehenden Begriff der reipersekutorischen Klagen. Die Unterscheidung hing wohl vor allem mit der Frage der Vererblichkeit der Ansprüche zusammen. Wenn auch vielleicht nicht von jeher geltend, ist die Unvererblichkeit der Deliktshaftung in Rom doch schon sehr früh herrschend geworden. Umgekehrt empfand es eine vorgeschrittenere Auffassung als ungerecht, daß den Erben des Täters auch ein allfälliger Vorteil aus dem Delikt verbleiben sollte. Darum ließ das Recht der ausgehenden Republik und der beginnenden Kaiserzeit zwar die Strafe mit dem Tode des Täters erlöschen, den Ersatzanspruch dagegen auf die Erben übergehen, bis man schließlich, erst durch einzelne Edikte (doli, quod metus causa, de vi etc.), dann durch Kaiserkonstitutionen und endlich kraft eines von der Rechtswissenschaft (oder auch erst von den Kompilatoren?) daraus abstrahierten Prinzips allgemein auch dort, wo die Klage auf die Erben nicht überging, die Erben doch wenigstens für die ererbte Bereicherung, in id quod heredem pervenit, haften ließ.

Neben und zum Teile zugleich mit dieser Spaltung des deliktischen Anspruches in die zwei Elemente der Strafe und des Ersatzes vollzog sich ein anderer, für die Entwicklung des Schuldrechts viel bedeutsamerer Vorgang, die vielfache Umwandlung deliktischer in rechtsgeschäftliche Ansprüche. Schon das alte Zivilrecht und noch häufiger die Edikte der Magistrate stellten eine Reihe von Rechtsverhältnissen anfänglich unter den für den deliktischen Tatbestand typischen Schutz des duplum, die später, fern von jedem Gedanken an Strafe, als kontraktliche Verhältnisse geschützt waren. Es genügt an die actio auctoritatis des alten Zivilrechts, an die ädilizischen Kaufklagen, an die in factum konzipierte actio depositi zu erinnern. Über diese Brücke führte der Weg vom Delikt zum Kontrakt.

Sowenig das römische Recht zur Aufstellung allgemeiner Deliktsmerkmale gelangte, so wenig zeigt es sich auch von einem allgemeinen Typus des Rechtsgeschäftes oder Vertrages beherrscht. Name und Begriff des Rechtsgeschäfts blieben ihm die längste Zeit fremd. Nexum bedeutete wohl von Haus aus das bindende Rechtsgeschäft, aber doch nur das per aes et libram. Auch negotium deckte weder den Begriff noch besaß es die erforderliche Eindeutigkeit. Es bezeichnete teils den Gegensatz zu Schenkungen und anderen Liberalitäten, teils den Vertrag überhaupt, doch zumeist nur das durch die Vorleistung des einen klagbar gewordene Geschäft im Gegensatze zum nudum pactum, teils den nichtdeliktischen gegenüber dem deliktischen Tatbestand. Actus und actio wiederum griffen über das Rechtsgeschäft hinaus, indem sie ganz allgemein jeden auf Begründung oder Erhaltung von Rechten abzielenden Akt bezeichneten. Vollends fehlte jede Nomenklatur für das einseitige Rechtsgeschäft. Nur eine unvermeidliche Folge dieser Hilflosigkeit war es schließlich, daß auch die Unterscheidung zwischen negotia civilia (actus legitimi) und iuris gentium nicht mit der nötigen Schärfe und Klarheit durchgeführt, bald auf den äußeren Formalismus des Geschäfts, bald auf dessen Zugänglichkeit für den Fremden abgestellt war.

Nicht besser stand es um den Begriff des Vertrags. Der an Stelle des verfallenden, noch bei Cicero allein herrschenden nexum einrückende contractus bezeichnete technisch stets nur eine gewisse Gruppe obligatorischer Verträge. Das Wort gehörte, wenn es auch gelegentlich den Vertrag schlechthin, bisweilen sogar jedes nicht deliktische Obligationsverhältnis bedeutete, der zivilrechtlichen Systematik an, fehlte dem Edikt fast gänzlich. Pactum wurde zwar allmählich ein ganz allgemeiner Ausdruck für jede Vereinbarung, die nicht schon durch einen anderen Begriff gedeckt war. Im ediktalen

Sprachgebrauch bezeichnete es aber stets nur den Einrede begründenden Vertrag, nicht einmal die Klage erzeugende Vereinbarung, in der außeredikttalen Sprache häufig auch die Nebenabrede eines bestehenden obligatorischen Verhältnisses (pactum adiectum, dotale etc.). Lex wurde einerseits der Vertrag in seiner formellen Redaktion, sowohl als einzelnes Übereinkommen wie auch als abstraktes Formular, andererseits die einzelne Bestimmung des Rechtsgeschäfts, die Klausel, doch nicht jede, sondern vorwiegend die des Kaufes und der Miete und im Gegensatze zum pactum regelmäßig die vom Verkäufer oder Vermieter ausgehende Klausel genannt.

Das römische Recht kannte den Vertrag nicht. Es kannte nur Verträge. Ihre Wurzel bildeten das Delikt und die formelle Haftungsübernahme. Das ergab zunächst die zwei Typen der Real- und Formalkontrakte. Von den Haftungsgeschäften der alten Zeit lebte das nexum nur noch in der Erinnerung, war die fiducia hauptsächlich nur cum creditore als „pfandrechtliche Sicherstellung" im Schwange. Um so bedeutsamer war die Rolle, die der sponsio zufiel. Nur zeigte auch sie bereits einen erheblichen Wandel, insofern es nun regelmäßig der Schuldner selbst war, der die Haftung übernahm. Die sponsio des historischen Rechts war m. a. W. die allgemeine Vertragsform, durch die der Schuldner, die formelle Frage (... dare spondesne) des Gläubigers formell (spondeo) beantwortend, die Haftung für die irgendwie und -wann durch formlose Vereinbarung begründete Schuld auf sich nahm. Darum war die sponsio, wenn auch nicht notwendig, doch regelmäßig abstrakt gefaßt: spondesne mihi C[entum] dare? spondeo; doch auch quidquid ex vendito dare facere oportet dare spondesne? spondeo.

Wie die Stellung von praedes und vades vermutlich nichts den Römern eigentümliches war, so war auch die Form der Haftungsübernahme durch Frage und Antwort wahrscheinlich von jeher im Internationalverkehr üblich. So wurde die sponsio im Gegensatze zu allen übrigen Formalkontrakten, die den streng zivilen Charakter beibehielten, schon früh Bestandteil des ius gentium. Nur die typischen Worte waren hier durch andere (promitto, dabo etc.) ersetzt, wohl nicht so sehr, weil das Wort spondeo dem Fremden aus inneren Gründen versagt war, als vielmehr weil der Gebrauch anderer Worte bei den Fremden von jeher üblich gewesen sein dürfte. Das war die Stipulation, deren dunkle Etymologie zu mancherlei abenteuerlichen und darum besser auf sich beruhenden Vermutungen Anlaß gegeben hat. Sie war nicht notwendig auf den Gleichklang (promittis? dabo etc.), wenigstens später nicht einmal auf den Gebrauch der lateinischen Sprache abgestellt. Wie alle Geschäfte des ius gentium wurde sie selbstverständlich auch im Verkehre zwischen Bürgern untereinander üblich und verdrängte auch hier wie anderwärts die ungebundene Geschäftsform den altzivilen Formalakt, der sich nur im Prozeß- und Verlöbnisrecht (sponsio nuptiarum) behauptete. Diese Entwicklung fällt bereits vor die Zeit der lex Aquilia, die schon mit dem adstipulator operiert.

Mit der Ausdehnung auf Peregrinen ging eine sachliche Erweiterung des Anwendungsgebietes des Verbalvertrags, wie man Sponsion und Stipulation nach ihrer durch den Gebrauch bestimmter Worte und dadurch allein charakterisierten Form nannte, Hand in Hand. War die sponsio allem Anscheine nach auf dare von certa pecunia oder alia certa res beschränkt, so konnte der Verbalvertrag auch die Leistung eines incertum zum Gegenstande haben, das nicht bloß ein dare, sondern auch ein facere oder non facere, ein Tun oder Unterlassen sein konnte. Nur war je nach dem Gegenstand auch die Klage verschieden. Die stipulatio certa begründete eine condictio, eine abstrakte, den Klagegrund verschweigende actio stricti iuris auf dare oportere, die stipulatio incerta die besondere Stipulationsklage, die actio ex stipulatu, die jedoch auch stricti iuris war, weil die Stipulation als negotium stricti iuris, als einseitig obligatorischer Vertrag strengen Rechts stets nur zu der ausdrücklich übernommenen Leistung, nie zu mehr oder weniger, zu diligentia und Schadenersatz, zu Verzugszinsen u. a. m. verpflichtete.

Als allgemeine Vertragsform konnte die Stipulation ebenso durch Formalisierung des formlosen Schuldvertrags der Begründung einer Schuld wie der Umwandlung (Novation) eines bereits wirksamen Schuldverhältnisses dienen. Als schuldbegründender Vertrag fand sie nicht bloß als Hauptvertrag, sondern auch als Nebenvertrag Verwendung, um den nicht in den Rahmen des Hauptvertrages fallenden Nebenabreden den erforderlichen Rechtsschutz zu sichern. Vornehmlich Zinsversprechen (beim Darlehen usw.) und Konventionalstrafen wurden in diese Form gekleidet.

Die Zinsstipulation durfte ein gewisses Maß nicht überschreiten. In den schwankenden und unbefriedigenden älteren Rechtszustand auf diesem Gebiete soll Sulla durch ein bald allgemein als lex unciaria bezeichnetes Gesetz (88 a. Ch. n.) eingegriffen haben, das wahrscheinlich das fenus unciarium der Zwölftafeln wieder zum Zinsmaximum machte. Nur bedeutete das jetzt jedenfalls zwölf Prozent. Dieselbe Bestimmung wiederholte ein Senatsschluß (51 a. Ch. n.): ut centesmiae perpetuo fenere ducerentur. Das war die letzte gesetzliche Regelung der Frage für das klassische Recht. Ein Verbot der Zinseszinsen und eine Beschränkung des Zinsenlaufes (ne ultra alterum tantum) kannte es nicht.

Die Vereinbarung einer Konventionalstrafe bezweckte eine regelmäßig in Geld bestimmte Strafe für die Nichterfüllung oder nicht gehörige Erfüllung einer übernommenen Verpflichtung. Sie bot die Möglichkeit, dadurch indirekt auch solchen Ansprüchen Rechtswirkung zu verleihen, die an sich nicht den Gegenstand einer wirksamen Verbindlichkeit bilden konnten. Sie setzte m. a. W. nicht notwendig eine rechtswirksame Hauptverbindlichkeit voraus.

Die entwickelte Stipulation machte ferner zwar den Schuldner dem Gläubiger haftbar. Sie gab ihm aber keinen „Hafter" neben dem Schuldner. Darum mußte der Gläubiger jetzt, wenn ihm der Schuldner nicht (persönlich oder durch Pfand) genügende Sicherheit bot, Haftung anderer für die Schuld ausdrücklich bedingen. Auch dazu war die sponsio von Haus aus dienlich. Wie von alters her mehrere praedes für den Schuldner einstehen konnten, indem jeder durch die Erklärung praes sum dieselbe Haftung übernehmen konnte, so boten auch sponsio und stipulatio die Möglichkeit, durch Wiederholung der Antwort auf die Frage des Gläubigers durch mehrere diese mehreren für dieselbe Schuld haftbar zu machen (duo aut plures rei, correi promittendi, debendi). Die dadurch begründete gemeinsame Haftung, die Korrealität, gab dem Gläubiger gegen jeden der mehreren Schuldner alle die Rechte, die er sonst nur gegen den einen Schuldner hatte. Aber die Ausübung seiner Rechte gegen einen von ihnen machte ihn auch den übrigen gegenüber seiner Rechte verlustig. Er konnte von jedem die ganze Leistung begehren Aber die Leistung eines befreite auch die übrigen. Der Leistung gleich standen der zivilrechtliche Erlaß (Akzeptilation) und die zivilgültige Novation. Selbstverständlich wirkte auch der unverschuldete Untergang des Leistungsgegenstandes für alle befreiend. Zweifelhaft war dagegen, ob Untergang durch Verschulden oder Verzug eines Mitschuldners nur ihn oder alle haftbar mache. Prozessual traten alle diese Wirkungen mit der Litiskontestation ein, der man in diesem Sinne „gesamtzerstörende" Wirkung zuschrieb.

Eine andere Frage war es, ob der Schuldner, der die übrigen befreit hatte, sich ihnen gegenüber schadlos halten, Regreß nehmen könne. Die Antwort hing von dem „internen" Verhältnis ab, in dem die mehreren Schuldner zueinander standen. Die Korrealität konnte ihren Grund haben in dem

Wunsche des Gläubigers, für seinen Anspruch gegen einen Schuldner Sicherstellung durch mehrere zu erlangen, die durch Vereinbarung mit dem (Haupt-) Schuldner für ihre eigene Sicherheit sorgen mußten. Sie konnte aber auch dadurch veranlaßt sein, daß der Gläubiger, der etwa mehreren gemeinsam ein Darlehen gewährte, die Möglichkeit haben wollte, die ganze Summe von einem, von dem seiner Ansicht nach Zahlungsfähigsten einzutreiben. Hier sicherte das Gemeinschaftsverhältnis der Schuldner dem Zahlenden seinen Regreßanspruch.

Doch auch ohne ausdrückliche Vereinbarung konnte es geschehen, daß mehrere dasselbe schuldeten. Man denke bloß an den Übergang einer Schuld auf mehrere (Mit-) Erben oder an die gemeinsame Haftung mehrerer (Mittäter) aus einem Delikt. War der Gegenstand der Schuld teilbar, so war es in solchen Fällen auch die Schuld. Darin lag die Bedeutung der Unterscheidung zwischen teilbaren und unteilbaren Schuldverhältnissen. Teilbar in diesem Sinne waren regelmäßig die Obligationen auf dare, auf Übertragung des Eigentums oder Besitzes oder eines (anderen) Rechts an einer individuell bestimmten Sache, unteilbar die auf dare eines genus oder auf facere. War die Schuld dem Gegenstande nach unteilbar oder durch die Rechtsordnung für unteilbar erklärt, wie das zwar nicht für die älteren Deliktsansprüche (furtum, lex Aquilia) galt, die vielmehr gegen jeden Täter einzeln zuständig waren, wohl aber für die jüngeren (metus, dolus etc.), die anscheinend wenigstens in der Kaiserzeit zwar gegen jeden Mittäter, aber doch nur gegen einen Platz griffen, so ergab sich ein der Korrealität verwandter Zustand, Haftung in solidum, Solidarität. Doch trat die „gesamtzerstörende" Wirkung hier nicht schon durch die Litiskontestation, sondern erst durch die Leistung selbst und durch die ihr gleichstehenden Ereignisse ein. Auch ist es nicht unmöglich, daß der Solidarschuldner dort, wo die Leistung an sich teilbar war, wenigstens nach Maßgabe der

Zahlungsfähigkeit seiner Mitschuldner die Rechtswohltat der Teilung (beneficium divisionis) für sich in Anspruch nehmen konnte.

Endlich konnte sich, was bisher für die Schuldnerseite angenommen wurde, aus ähnlichen Gründen auch auf der Gläubigerseite ereignen. Es gab auch aktive Korrealität (duo vel plures rei, correi stipulandi, credendi) auf Grund einer Wiederholung derselben Frage durch die mehreren Gläubiger und gemeinsamer Antwort des Schuldners sowie aktive Solidarität. Sie gaben jedem Gläubiger volles Recht, wie wenn er der einzige Gläubiger wäre, nur daß die Ausübung des Rechtes durch einen auch die übrigen ihrer Rechte beraubte, auch hier mit demselben Unterschied in der Wirkung der Litiskontestation und mit derselben Ordnung des Regreßrechtes wie bei passivem Gesamtschuldverhältnis.

Die im Wesen des Prozeßrechtes begründete gesamtzerstörende Wirkung der Litiskontestation und die aus der „selbständig befreienden Kraft des Begleitspruches der Zahlung fließende" Gesamtaufhebung des Forderungsrechtes durch Akzeptilation ließen die Korrealobligation als eine einheitliche Obligation mit einer Mehrheit von Subjekten erscheinen. Wo diese Voraussetzung fehlte, „haben die Römer an Einheit der Obligation nie gedacht."

Aktive und passive Korrealität konnten verschiedenen Zwecken dienen. Nicht immer deckte sich der Zweck mit der starren Form. Darin lag der Keim zu neuen Entwicklungen. Der eine Korrealgläubiger sollte unter Umständen kein materielles Recht auf die Forderung, sondern nur die Legitimation zur Einklagung und Einziehung der Forderung auf Rechnung des anderen erlangen. Der überseeische Handel machte es beispielsweise wünschenswert, daß ein Geschäftsfreund am Wohnsitze des Schuldners berechtigt wurde, die Forderung des Gläubigers einzuklagen und einzutreiben. Namentlich unter der Herrschaft des Legisaktionenprozesses war es angezeigt, schon anläßlich der Begründung der Forderung einen zur Anstellung der Klage befugten Machthaber zu bestellen. Auch noch in klassischer Zeit machte sich der Wunsch geltend, erst nach dem Tode des einen oder anderen Gläubigers (cum moriar) wirksam werdende Verpflichtungen zu begründen, was dem Wesen des Vertrags nach römischer Auffassung widersprach und darum von dem betreffenden Gläubiger selbst nicht wirksam vereinbart werden konnte. All das ließ sich erreichen durch Hinzutritt eines adstipulator, der sich von dem Schuldner das (idem) nochmals versprechen ließ, was er schon dem ersten Gläubiger versprochen hatte. Darum bildete sich die adstipulatio schon in Ciceros Tagen zu einem förmlichen Gewerbe aus. Aber sie schoß über das Ziel, indem sie dem adstipulator dieselbe volle Verfügungsgewalt über die Forderung gewährte wie dem Hauptgläubiger, insbesondere auch die Möglichkeit, sie durch Litiskontestation und Akzeptilation eigenmächtig aufzuheben. Erst das zweite Kapitel der lex Aquilia gewährte dem Gläubiger gegen den treulosen adstipulator Schutz, der schließlich der actio mandati zufiel. Der „Treuhandcharakter" des Verhältnisses kam außerdem darin zum Ausdruck, daß es an der Person haftete, nicht auf den Gewalthaber oder Erben des adstipulator überging und unter der Sanktion der Infamie stand.

Ebenso war die Korrealschuld häufig nur formell Schuld des einen, materiell bloß Schuld des anderen. Nur einer sollte Schuldner, der oder die anderen bloß „Hafter" sein. Konnte sich aber der Gläubiger ursprünglich nur an den Hafter halten, so drehte sich das Verhältnis, seitdem der Schuldner als solcher haftete, allmählich um, insofern die „Mithafter" regelmäßig nur mehr in Anspruch genommen werden wollten und sollten, soweit der Anspruch gegen den Schuldner versagte. Die Haftung wur e zur Bürgschaft und auch diese Entwicklung vollzog sich im Rahmen des Verbalvertrages.

Der alte sponsor haftete an Stelle des Schuldners. Später trat der Schuldner selbst als sponsor ein. Der Sponsionsbürge, der noch immer sponsor schlechtweg hieß, verpflichtete sich mit und neben ihm, zunächst als correus debendi in ein und derselben korrealen sponsio, zwar schon in republikanischer Zeit auch durch besondere Stipulation als Nebenschuldner (idem tu quoque dare spondes? spondeo), doch noch nach klassischem Rechte nur im Anschluß an eine sponsio des Hauptschuldners. Die analoge Entwicklung für Fremde vollzog sich durch Schaffung der Stipulation als Haupt- und der fidepromissio als Bürgschaftsvertrag in den Formen des durch Frage und Antwort charakterisierten Verbalvertrages. Sie stand noch im klassischen Rechte wesentlich unter den gleichen Rechtssätzen wie die sponsio. Die Möglichkeit der Verbürgung für andere als Verbalverträge bot erst die dem ius gentium angehörende fideiussio, eine formfreiere Spielart der fidepromissio: id (nicht idem?) fidene tua esse iubes? fide mea esse iubeo.

Auch diese Korrealverpflichtung erreichte formell mehr als sie wollte, als ihrem materiellen Hintergrund entsprach, insofern der Bürge dem Gläubiger zunächst ganz ebenso haftete wie der Hauptschuldner. Die einzige Schranke war die in der ursprünglichen Leibeshaftung begründete Unvererblichkeit. Erst eine lex Appuleia aus dem sechsten Jahrhundert der Stadt gab jedem Mitbürgen (sponsor und fidepromissor), wenn er die ganze Schuld getilgt hatte, das Recht, den entsprechenden Kopfteil von den übrigen Mitbürgen einzutreiben. Eine lex Furia (de sponsu) aus der Zeit nach dem hannibalischen Kriege verfügte sodann, daß die Schuld unter mehreren italischen Mitbürgen ipso iure geteilt sein und daß der Bürge, der mehr gezahlt hatte, seine Mitbürgen durch manus iniectio haftbar machen sollte. Eine lex Cornelia (Sullas?) verbot überdies, daß jemand sich für denselben Schuldner gegenüber demselben

Gläubiger innerhalb eines Jahres für mehr als zwanzigtausend Sesterzen verbürge. Eine lex Cicereia aus der Mitte des siebenten Jahrhunderts verpflichtete den Gläubiger, bei sonstiger Unwirksamkeit der Verbürgung die Höhe seiner Forderung und die Anzahl der Bürgen öffentlich bekannt zu machen (praedicare), um den Bürgen die Wahrung ihrer Rechte zu sichern. Eine lex Publilia unbekannten Datums endlich gewährte dem sponsor, der den Gläubiger befriedigt hatte, zur Sicherung seines Regreßrechts nach sechs Monaten manus iniectio (actio depensi) gegen den Schuldner auf das duplum.

Damit war die Haftung des sponsor und fidepromissor mit ihrer materiellen Rechtsstellung in Einklang gebracht. Die, weil erst nach Abkommen der Leibeshaftung ausgebildete, von Haus aus vererbliche fideiussio war zumindest von den Vorteilen der älteren leges Appuleia und Furia ausgeschlossen. Das „beneficium divisionis" erlangte sie erst durch eine epistula Hadrians. Doch gewährte sie auch seitdem dem Bürgen eine exceptio nur nach Maßgabe der Zahlungsfähigkeit der übrigen. Die lex Cornelia und Cicereia fanden dagegen auch auf sie Anwendung. Ebenso entbehrte der fideiussor zwar nicht das Regreßrecht, das er mit entsprechender Klage (mandati, negotiorum gestorum) geltend machen konnte. Die Juristen der Kaiserzeit gewährten ihm sogar eine exceptio doli gegen die Klage des Gläubigers, um diesen dadurch zur Abtretung seiner Klage gegen den Schuldner zu zwingen (beneficium cedendarum actionum). Dagegen war ihm das Privileg der lex Publilia versagt. Schließlich kam der „akzessorische Charakter" jeder Art von Bürgschaft (adpromissio) als einer eine Hauptschuld voraussetzenden Nebenverbindlichkeit darin zum Ausdruck, daß sich der Bürge zwar zu weniger, niemals aber zu mehr verpflichten konnte als der Hauptschuldner und daß seine Verpflichtung grundsätzlich mit der Hauptschuld erlosch, jedenfalls mit deren Endigung ipso iure. Inwiefern die exceptio des Hauptschuldners auch dem Bürgen zugute kam, hing von deren Natur ab. Die bloß subsidiäre Haftung des Bürgen (beneficium excussionis sive ordinis) gehört erst dem nachklassischen Recht an.

Zweck der Bürgschaft ist Sicherstellung des Gläubigers für eine Forderung durch Haftung eines anderen neben dem Schuldner. Dieser Zweck ließ sich auch durch andere Geschäfte (Mandat, Konstitut) erreichen, deren wirtschaftliche Bestimmung sich jedoch nicht in dieser Aufgabe erschöpfte. Sie werden daher in anderem Zusammenhange zur Sprache kommen.

Bürgschaft ist Übernahme einer fremden Schuld neben dem Hauptschuldner, kumulative Interzession. Ebenso wünschenswert ist die Möglichkeit der Schuldübernahme an Stelle des Schuldners, privative Interzession. Interzedieren konnte grundsätzlich jeder, der und soweit er verpflichtungsfähig war. Nur kraft positiver Norm war erst durch Edikte des Augustus und Claudius Ehefrauen Interzession zugunsten ihrer Ehegatten, dann durch das S. C. Velleianum (46 p. Ch. n.) Frauen überhaupt Interzession verboten, wohl nicht so sehr um ihre Stellung im öffentlichen Leben herabzudrücken, um ein officium virile mehr zu schaffen, wenn auch die Maßregel als teilweises Gegengewicht gegenüber dem Abkommen der manus und der um dieselbe Zeit vollzogenen Aufhebung der Agnatentutel über Frauen gedacht gewesen sein mag, als vielmehr zum Schutze der Frauen gegen unüberlegte Verpflichtungen, propter sexus imbecillitatem. Das Verbot traf nur die Schuldübernahme, nicht die Schuldtilgung, bloß die Übernahme einer fremden Schuld und nur einer solchen, die der Übernehmerin Regreß gewähren sollte, weil sonst die Sachlage von der bei Zahlung einer fremden Schuld nicht verschieden war, und überdies nur, wenn der Gläubiger (wegen dolus, entschuldbaren Irrtums usw.) nicht schutzbedürftiger erschien als die Frau. Der Schutz bestand in einer, nicht bloß der Frau selbst, sondern auch ihren Bürgen, noch in der Exekutionsinstanz (gegenüber der actio iudicati) zustehenden exceptio.

Auch die Schuldübernahme geschah regelmäßig in Form eines Verbalvertrages. Derselben Form bediente man sich, wenn es galt, an Stelle des bisherigen einen neuen Gläubiger treten zu lassen oder ohne Personenwechsel das alte Schuldverhältnis durch ein neues zu ersetzen. All diese Formen der Umwandlung einer Schuld, der Novation, die novatio, die prioris debiti in aliam obligationem ... transfusio atque translatio, gingen durch Verbalvertrag vor sich.

Qui bis idem promittit ideo (ipso?) iure amplius quam semel non tenetur. Wie nicht zwei Prozesse dieselbe Verbindlichkeit zum Gegenstande haben konnten, so konnte auch nicht derselbe Gegenstand den Inhalt zweier Verträge nebeneinander ausmachen. Darum hob ein zweiter Vertrag über denselben Gegenstand den früheren auf. Das der Ausgangspunkt der Novation. Andererseits bestand wohl von jeher die Möglichkeit, dieselbe Sache zum Gegenstande mehrerer selbständiger Verpflichtungen zu machen. Nichts spricht m. a. W. dafür, daß einmal die akzessorische, die Korrealverpflichtung noch nicht neben dem novatorischen Verbalvertrag bestand. Nur eine solche Zeit gab es vermutlich einmal, wo die auf den Inhalt einer prior obligatio gerichtete Stipulation stets novatorisch wirkte, wo akzessorische Korrealverpflichtung nur durch Gleichzeitigkeit der verschiedenen Verpflichtungsverhältnisse begründet werden konnte. Das eine und das andere waren Wirkungen des Formalismus, der Macht des Wortes. Seitdem man — etwa seit der ausgehenden Republik — auch bei der Stipulation nicht das Wort allein, sondern auch das quid actum sit entscheiden ließ, konnte auch die spätere Stipulation bloß akzessorisch, nicht novatorisch gemeint sein. Nunmehr kam es auf den Inhalt der neuen Stipulation an. Der sogenannte animus novandi entschied zugunsten der novatorischen Wirkung. Doch hat wohl erst Justinian dieses Kriterium zu einem positiven Willensmoment gemacht. Das klassische Recht wollte damit, wenn es den Ausdruck überhaupt schon kannte, nur sagen, daß die novatorische Wirkung durch das Vorliegen eines neuen, dem alten Schuldverhältnisse fremden Elementes in der novatorischen Stipulation (aliquid novi) bedingt sei.

Schuldumwandlung setzt etwas Umzuwandelndes voraus. Die Novation verlangte daher vor allem das Bestehen eines Schuldverhältnisses. Dieses „alte" Schuldverhältnis mußte nicht die Form des Verbalvertrages haben. Es konnte ein beliebiges ziviles oder prätorisches, selbst klagloses Schuldverhältnis (Naturalobligation) sein. Die Novation ersetzte das „alte" Schuldverhältnis durch ein „neues". Sie geschah durch Verbalvertrag. Mangel der Form oder Unfähigkeit der Parteien ließ den Erfolg nicht eintreten. Die alte Obligation wurde nicht aufgehoben, die neue nicht begründet. In anderen Fällen, wenn sie z. B. ohne die erforderliche auctoritas tutoris zustande gekommen war, entstand zwar keine wirksame Stipulation, erlosch aber trotzdem die alte Schuld, ähnlich wie die in iure cessio einer bereits angetretenen Erbschaft die Erbschaftsforderungen zwar unter-, aber nicht übergehen ließ. Eines der Rätsel römischer Rechtsauffassung, das wohl weder als Strafe ungerechtfertigten Handelns noch mit der Regel utile per inutile non vitiatur befriedigend erklärt ist. Der Gegenstand des alten und neuen Schuldverhältnisses mußte identisch (idem) sein. Eine Umwandlung des Gegenstandes, die nicht bloß einen terminologischen Wechsel, Ersatz der Sache durch ihren Wert u. dgl. m. betraf, begründete eine Mehrheit von Verbindlichkeiten. Doch gewährte der Prätor dem ex antiqua causa belangten Schuldner eine exceptio pacti.

Das Neue (aliquid novi) konnte in einer Änderung der Natur des Anspruches, in der Hinzufügung oder Ausschaltung gewisser Nebenbestimmungen, einer Befristung, Bedingung, Bürgschaft, oder in dem Wechsel der Parteien bestehen. Die Neuheit lag vor allem jedesmal schon darin, daß eine Forderung anderer Art, aus einem Delikt oder aus einem formlosen Vertrage bonae fidei oder stricti iuris, in die Form des Verbalvertrages gekleidet wurde. Besonders beliebt war dieser Vorgang, um einen oder mehrere Ansprüche durch Umwandlung in einen Verbalvertrag dem einfachen Erlaß durch Akzeptilation zugänglich zu machen. Dazu erfand Aquilius Gallus eine eigene Formel, die beide Effekte, Novation und Akzeptilation, vereinigte, die sogenannte stipulatio Aquiliana. Nicht minder bedeutsam war die Funktion der Novation als Mittel zum Wechsel des Gläubigers oder Schuldners. Sie vollzog sich durch Stipulation zwischen den neuen Parteien. Niemals ohne Zustimmung des (alten) Gläubigers, der regelmäßig nicht gegen seinen Willen genötigt werden konnte, seine Forderung aufzugeben oder einen anderen Schuldner anzunehmen. Auch nicht gegen den Willen des Schuldners, insofern er nicht gezwungen werden konnte, einen neuen Gläubiger anzuerkennen. Dagegen mußte es sich der Schuldner gefallen lassen, wenn ein anderer seine Schuld übernahm. Durch solchen Personenwechsel ließen sich die mannigfaltigsten wirtschaftlichen Zwecke verwirklichen: Schenkung, Dotierung, Darlehensgewährung, Schuldtilgung u. a. m. und überdies durch einen Rechtsakt mehrere zugleich, indem z. B. der Darlehensschuldner die Kaufschuld seines Gläubigers an einen Dritten übernahm u. dgl. m.

In naher Verwandtschaft mit der Novation durch Wechsel des Gläubigers oder Schuldners standen delegatio und expromissio. Doch war beides nicht identisch. Expromissio bedeute den Römern anscheinend nicht bloß Novation durch Schuldnerwechsel ohne vorausgehendes Einverständnis mit dem alten Schuldner, sondern jede Novation durch Gläubiger- oder Schuldner-, selbst ohne Personenwechsel. Delegation war Anweisung des Deleganten an den

Delegaten, einem Dritten, dem Delegatar etwas zu leisten, ein Versprechen zu machen oder Eigentum zu übertragen. Sie war nicht notwendig novatorisch. Sie setzte auch nicht notwendig eine alte Schuld voraus. Sie konnte nicht bloß durch Verbal-, sondern auch durch Literalvertrag geschehen.

Wegen ihrer in gewissem Sinne novatorischen Wirkung, die unabhängig vom Parteiwillen eintrat, bezeichnete man auch die Litiskontestation als novatio necessaria. Davon war schon die Rede. Andererseits sprach der Prätor auch gewissen formlosen Vereinbarungen, dem constitutum und dem receptum argentarii novatorische Wirkung zu. Davon später.

Die Novation ersetzte das alte Schuldverhältnis durch ein neues. Sie hob das alte ganz und gar auf, heilte daher den Verzug und beseitigte alle Nebenansprüche der alten Verbindlichkeit, Bürgschaften und Pfandrechte. Sie schuf ein neues Schuldverhältnis, das auf das alte Bezug nahm (kausale Novation) oder nicht (abstrakte Novation): quidquid ex vendito dare oportet, dare spondesne — servum Stichum dare spondesne? In jenem Falle griffen die Verteidigungsmittel (exceptio etc.) gegen das alte auch gegenüber dem neuen Schuldverhältnisse Platz, in diesem nicht.

Was die Novation durch Wechsel des Gläubigers oder Schuldners erreicht, das ließe sich zum Teil rascher und einfacher erreichen durch Stipulation zugunsten oder zu Lasten eines Dritten, indem sich der Gläubiger von vornherein Leistung an einen anderen oder eines anderen durch den Schuldner versprechen ließe. Beides erschien jedoch dem römischen Recht unzulässig. Die Stipulation zugunsten eines Dritten gewährte weder dem Dritten noch dem Versprechensempfänger, die zu Lasten eines Dritten weder gegen den Dritten noch gegen den Versprechenden einen Anspruch. Doch erlitt diese Regel mancherlei Abschwächungen und Ausnahmen.

Die Vereinbarung eines anderen konnte dem Dritten zugute kommen, wenn sie nicht bloß zu seinen Gunsten geschlossen war oder wenn sie ihm den zugedachten Vorteil ohne Klage verschaffte. Die Stipulation „mihi aut Titio" gewährte dem Dritten das Recht, den Schuldner zu klagen und Zahlung wirksam in Empfang zu nehmen, aber auch nicht mehr. Sie gab ihm die Stellung eines solutionis causa adiectus. Die Stipulation „heredi meo" oder

„post mortem meam“ oder „pridie quam moriar“ war dagegen, weil sie nur dem Dritten, dem Erben ein Recht gewähren sollte, hinfällig, während die „mihi et heredi meo“, weil sie auch dem Versprechensempfänger zugute kam und nur die Vererbung des Anspruches sicherte, wirksam war. Aus ähnlichen Erwägungen ließ man schließlich auch die Stipulation „cum moriar“ gelten. Die Justinianische Kompilation kennt überdies eine Reihe von Fällen, in denen der Dritte selbst und nur er ein Klagerecht aus dem Versprechen zu seinen Gunsten erwirbt. Sie sind jedoch zum Teile zweifellos erst justinianische Erfindung, zum anderen Teile jedenfalls auch erst Erzeugnisse der nachklassischen Periode. Der Versprechensempfänger konnte aber in jedem Falle durch Vereinbarung einer Konventionalstrafe die Erfüllung des Versprechens wenigstens indirekt sicherstellen. Auch scheint ihm das klassische Recht jedesmal einen Schadenersatzanspruch gewährt zu haben, wenn er ein eigenes (Geld-)Interesse an der Erfüllung des Versprechens gegenüber dem Dritten hatte.

Die Vereinbarung zu Lasten eines Dritten konnte nach klassischem Rechte den Dritten, auch den Erben niemals verpflichten. Auch der Versprechende selbst haftete nur, soweit er die Sorge für die Leistung des Dritten auf sich genommen hatte: spondesne te effecturum ut Titius fideiubeat? Ebenso konnte seine Haftung durch Konventionalstrafe indirekt gesichert werden.

War es bei der sponsio und stipulatio das Zusammenspiel von Frage und Antwort, das die rechtsverbindliche Form schuf, so erzeugte in einigen wenigen Fällen schon die einseitige formelle Erklärung eine rechtswirksame Verpflichtung. Nicht hierher gehört allerdings vermutlich die dotis dictio, insofern zwar auch dort nur der Versprechende eine feierliche Erklärung abgab, diese aber ähnlich wie die in iure cessio nur durch formalisiertes Stillschweigen des anderen Teils wirksam wurde. Echte einseitige Erklärungen waren dagegen anscheinend iusiurandum, votum und pollicitatio.

Den promissorischen Eid verwendete das römische Privatleben regelmäßig nur dort, wo der Rechtszwang fehlte. Er schuf nicht Rechtszwang, sondern ersetzte ihn bloß. Darum hatte er, auch wo er als Bestärkungsmittel, zur Sicherung einer Schuld auftrat, grundsätzlich nur moralische Kraft. Nicht anders verhielt es sich mit der iurata promissio operarum, durch die sich der Sklave für den Fall der Freilassung dem Herrn zu gewissen Diensten verpflichtete. Sie ersetzte die dem Sklaven als solchem verschlossene zivilrechtliche Verpflichtung. Sie erzeugte aber auch keine. Darum mußte der Sklave sein Versprechen nach der Freilassung wiederholen. Dazu zwang ihn das (sogenannte Rutilische) Edikt anscheinend mit der Drohung, der Freilassung sonst ihre rechtliche Geltung zu entziehen. Die Wiederholung des Versprechens konnte in rechtsverbindlicher Form durch sponsio (Stipulation) geschehen. Daneben kam die Wiederholung des Eides selbst vor (iusiurandum liberti) und dieser Eid begründete dieselbe, hier iudicium operarum genannte zivile Klage wie die Sponsion. Man könnte zu der Annahme versucht sein, daß die Klage aus dem Eide prätorischen Ursprungs gewesen und erst in der Folge mit der aus der Sponsion verschmolzen worden sei. Triftige Gründe sprechen aber dagegen. Wahrscheinlich war nur der Eid älter als die Sponsion, ersetzte er sie, solange sie auf dare einer res certa beschränkt war.

Votum, Gelübde, war das einseitige feierliche Versprechen (vovere) einer Leistung an die Gottheit für Erfüllung einer Bitte. Der Gelobende — der Staat, ein Einzelner, selbst ein Sklave — war numini obligatus. Der Bruch des Gelöbnisses scheint jedoch „nur" die Rache der Götter heraufbeschworen zu haben. Die Klagbarkeit des Gelübdes (durch den Vertreter der Gottheit) ist aus den Quellen zumindest nicht zu beweisen. Es ist wohl ins Sakralrecht zu verweisen. Damit fänden auch gewisse Eigenheiten dieses Geschäftes wie die auctoritas patris (!) zum votum des filius familias und das votum des Sklaven ihre natürlichste Erklärung.

Die pollicitatio, das einseitige Versprechen (offerentis solius promissum) einer Leistung an eine Stadtgemeinde (res publica), war verbindlich, wenn es erfolgte ob honorem decretum vel decernendum, als Dank für eine erfolgte oder zu gewärtigende Ehrung oder mangels dieses Grundes, wenn mit seiner Erfüllung freiwillig begonnen wurde, aus anderer iusta causa anscheinend erst seit Justinian. Die Form der pollicitatio ist zwar nicht überliefert. Doch war eine solche vermutlich geboten. Möglicherweise bedurfte sie sogar der Annahme, lag ihre Eigentümlichkeit nicht sowohl in der von den Quellen allerdings betonten Einseitigkeit, als vielmehr in ihrem öffentlichrechtlichen Charakter. Rechtsschutz genoß sie anscheinend nur durch extraordinaria cognitio, wie ja das Institut überhaupt mehr dem öffentlichen Recht angehörte. Seine Spuren führen nicht über das Ende der Republik zurück.

Neben den verba sollemnia erschien gegen Ende der Republik endlich auch die Schriftform in eigentümlicher Gestalt als vertragbegründendes Element, die obligatio quae literis fit, der sogenannte Literalvertrag. Wie heute der Kaufmann seine Handelsbücher, so führte in Rom anscheinend von alters her jeder ordentliche Hausvorstand seine tabulae, seinen codex accepti et expensi, ein Kassabuch, in das er seine Geldeinnahmen (acceptilatio) und -ausgaben (expensilatio) in regelmäßigen Fristen, gewöhnlich monatlich, unter Anführung der Partei und des Geschäftes aus einem Tagebuch (adversaria) übertrug. Die einzelnen Posten (nomina arcaria) hatten naturgemäß nicht mehr als Beweiskraft für den geschehenen Empfang oder Ausgang. Die Eintragung konnte aber auch bloß fiktive Zahlungen zum Gegenstande haben. Man konnte die fiktive Bezahlung einer bestehenden Kaufschuld und zugleich die fiktive Auszahlung eines Darlehens oder die fiktive Bezahlung eines Darlehens durch den wirklichen Schuldner und zugleich die fiktive Auszahlung eines Darlehens gleicher Höhe an einen anderen eintragen. Diese doppelte Eintragung, diese Umschreibung (transcriptio), durch die an Stelle einer Schuld eine andere (a re in personam), an Stelle eines Schuldners ein anderer (a persona in personam) gesetzt wurde, genoß an sich dieselbe Beweiskraft wie die Eintragung einer wirklichen Forderung oder Schuld. Steigerte man diese Beweiskraft zu der einer unwiderleglichen Vermutung (praesumptio iuris et de iure) oder anerkannte man, was dasselbe sagen will, nur eine dem Geiste des alten Rechts entsprechendere Vorstellung bedeutet, die Allmacht der Form, so hatte die Eintragung als solche die Kraft, eine Verbindlichkeit zu erzeugen. Das war der Sinn der nomina transcripticia, des römischen Literalvertrages, der zwar vielleicht nicht schon durch eine unklare Bemerkung des Livius für das Jahr 561 der Stadt bezeugt, wohl aber zur Zeit Ciceros bereits eingebürgert ist.

Unklar lassen die Quellen nur, ob die Eintragung des Gläubigers in seine Bücher allein diese Wirkung hervorrief, und wie diese Eintragung beschaffen sein mußte. In der Regel nimmt man an, daß die Eintragung des Gläubigers (mit Zustimmung des Schuldners) genügte, was zugleich die Möglichkeit des Vertragsschlusses unter Abwesenden bedeutete, daß die entsprechende Eintragung des Schuldners in seine Bücher zwar üblich, doch ohne Belang war, und daß der Gläubiger eine doppelte Eintragung in der zuvor geschilderten Art vornehmen mußte. Dieser Vorgang fügt sich, so auffallend er zunächst erscheinen mag, trefflich in den Ideenkreis des Altertums, wenn man erwägt, daß auch das griechische fiktive δάνειον einen abstrakten Schuldvertrag begründete. Möglich und ebenso aus dieser Vorstellung heraus wie aus anderen Gründen wahrscheinlich ist nur, daß man sich, wie bei der Auszahlung von Darlehen, so auch bei diesen Vorgängen sehr häufig zum bessern Beweise der Vermittlung eines Dritten, eines Bankiers, eines argentarius bediente, der die Eintragung auch in seinen Büchern vornahm. Ob und inwieweit diese Eintragung für die Wirksamkeit des Vertrags von Belang war, muß freilich bei dem derzeitigen Stande der Quellen völlig dahingestellt bleiben.

Der Erfolg der „Buchschuld" war demnach gleich der Novation Tilgung einer Schuld und Errichtung einer neuen. Wenn die Römer trotzdem Novation nur annahmen, wo dieser Erfolg durch Verbalvertrag erzielt war, so war das vielleicht nicht bloß terminologischer Eigensinn. Die transcriptio war Zahlung. Die expensilatio begründete eine abstrakte Schuld auf die bezeichnete Geldsumme. Die ihr zugrunde liegende causa war die Tilgung der alten Schuld. Als einseitiger abstrakter Vertrag stricti iuris auf eine bestimmte Summe Geldes erzeugte der Literalvertrag die actio certae creditae pecuniae (condictio) und konnte nur durch acceptilatio, durch Löschung der Eintragung getilgt werden.

Noch zur Zeit des Gajus in praktischer Geltung verschwand der Literalvertrag anscheinend im vierten Jahrhundert. Dem ius civile angehörend, war er Fremden verschlossen. Nur die transcriptio a re in personam wollten ihnen wenigstens die Sabinianer eröffnen. Dagegen stand ihnen nach Gajus eine andere Art der literarum obligatio, chirographis et syngraphis, zu Gebote. Als genus obligationis proprium peregrinorum gehörte sie nicht dem römischen Recht an. Sie war, wie schon ihr Name sagt, griechischen Ursprungs, zunächst in den griechischen und gräzisierten Provinzen heimisch, jedoch gegen Ende der Republik auch im römischen und italischen Handelsverkehr üblich und als „Volksrecht" auch nach der constitutio Antonina neben dem Reichsrecht ebenfalls bis ins vierte Jahrhundert herrschend. Ihr Wesen ist allerdings nicht frei von Zweifeln, doch namentlich durch das ägyptische Papyrusmaterial in helleres Licht gerückt.

Der Form nach bezeichnete *χειρόγραφον* die in Briefform (subjektiv) gefaßte, *συγγραφή* jede andere (objektiv gefaßte) Urkunde. Vertragbegründend wirkte die Syngraphe anscheinend als Bescheinigung eines (wirklichen oder fingierten) Darlehens, gleich der römischen expensilatio, ohne Rücksicht darauf, ob die causa zu Recht bestand oder nicht, das Darlehen gegeben war oder nicht, wenn sich ein Exemplar des Schuldscheines in der Hand des Gläubigers, ein zweites in der des Schuldners befand, und eine dritte von beiden Parteien mit ihrem Siegel versehene Ausfertigung bei einem Dritten hinterlegt war. Das Cheirographon enthielt dieselbe Erklärung in Form eines Schreibens des Schuldners an den Gläubiger und war, wenn man Gajus trauen darf, mit derselben Rechtswirkung ausgestattet.

All diesen Formalgeschäften, von der sponsio angefangen

bis herab zum „griechischen Literalvertrag", gemeinsam war der Zweck, der formlosen Vereinbarung durch Hinzutritt der geeigneten Form Vollkraft zu verleihen. Das rechtsbegründende Element lag in der Wiederholung des formlosen Vorganges durch Formalakt. Die Wiederholung bedeutete zugleich die Anerkennung des früheren Geschehnisses. In diesem Sinne war der Formalakt gewissermaßen zugleich ein Ausdruck der „Anerkennung als Verpflichtungsgrund". Von da war nur ein Schritt zur Rechtswirkung der Anerkennung als solcher, der getan war, sobald man die Bedeutung der Form vernachlässigte. Diesen Wandel charakterisierte einerseits die exceptio doli, andererseits das prätorische constitutum.

Solange die Form allein entscheidend war, verpflichtete der Formalvertrag an sich, unabhängig von der materiellen Rechtslage: si stipulatus sim a te pecuniam tamquam credendi causa numeraturus nec numeraverim ... eam pecuniam a te peti posse certum est; dare enim te oportet cum ex stipulatu teneris. Erst die exceptio doli gewährte dem Schuldner die Möglichkeit, die Erfüllung der Verbindlichkeit zu verweigern, die er ohne Grund auf sich genommen hatte: sed quia iniquum est te eo nomine condemnari, placet per exceptionem doli mali te defendi debere. Die ähnlichen Zwecken dienende querela (und exceptio) non numeratae pecuniae gehört erst dem späteren Kaiserrecht an.

Das constitutum war eine formlose Vereinbarung, durch die man sich verpflichtete, eine schon geschuldete Summe an einem bestimmten Tage zu zahlen. Diese Vereinbarung war anscheinend schon zu Ciceros Zeit vom Prätor mit besonderer Klage (actio de pecunia constituta) ausgestattet, die der actio certae creditae pecuniae nachgebildet, von Eideszwang und sponsio (und restipulatio) dimidiae partis begleitet war. Ursprünglich vermutlich auf den Fall zugeschnitten, daß der Schuldner einer bestimmten Summe Geldes einen Zahlungsaufschub erwirken wollte und sich deshalb neuerlich zur Zahlung an einem bestimmten Termine verpflichtete, wurde die Klage vielfach als Strafklage wegen Treubruchs aufgefaßt. Überwiegende Gründe, namentlich die Terminologie und die Betonung des Umstandes, daß man formlos konstituieren könne, legen jedoch die Auffassung des constitutum als formloser Verbalvertrag näher. Jedenfalls teilte sich das Konstitut des klassischen Rechts mit der Stipulation in die Aufgabe des „Anerkennungsvertrages". Nicht mehr notwendig ausdrücklich befristet, wie auf Geld, so nun auch auf bestimmte Mengen anderer vertretbarer Sachen anwendbar, konnte es die Anerkennung jeder beliebigen, klagbaren und klaglosen, eigenen und fremden Schuld aussprechen. Es war daher ein einfaches Mittel, eine zeitlich beschränkte oder unübertragbare Schuld dauernd oder übertragbar zu machen, die Schuld eines anderen an seiner Statt oder neben ihm (constitutum debiti alieni) zu übernehmen, m. a. W. alle die Aufgaben zu erfüllen, denen ehedem nur die Stipulation dienen konnte. Was das Verhältnis der neuen zur alten Schuld anbelangt, so konnte wohl auch das constitutum novatorische Wirkung haben. Im Zweifel bestanden jedoch beide nebeneinander.

Im constitutum ließ Justinian auch das vom Edikt selbständig geregelte receptum argentarii aufgehen, die Vereinbarung, durch die ein Bankier die Zahlung einer (beliebigen, nicht bloß Geld-) Schuld auf Rechnung seines Kunden übernahm. Die Vereinbarung war durch die sogenannte actio recepticia geschützt. Die Natur der Vereinbarung und Klage ist zweifelhaft. Die einen wollen in dem recipere hier wie in den anderen noch zu berührenden Fällen eines receptum einen Formalakt sehen, bald einen einseitigen, bald einen zweiseitigen, teils einen schriftlichen, teils einen mündlichen, und in der Klage demnach eine Zivilklage. Andere erblicken doch wohl mit mehr Recht in der Vereinbarung einen formlosen Vertrag, ein pactum praetorium, in der actio eine Honorarklage. Für die Formlosigkeit spricht vor allem, daß die Byzantiner das recipere das argentarius und das zweifellos formlose constituere mit demselben Wort (ἀντιφωνεῖν) bezeichneten. Die Formlosigkeit allein entscheidet aber auch schon zugunsten des prätorischen Ursprungs der Klage. Es mag daher sein, daß der formfreie Garantievertrag mit den griechisch redenden und denkenden Trapeziten in Rom eingezogen und vom Prätor rezipiert worden ist. Die Bedeutung der Vereinbarung lag in der von dem Bestande der übernommenen oder garantierten Schuld unabhängigen Verpflichtung des Bankiers zu ihrer Bezahlung.

Neben den Formalkontrakten anerkannte schon das alte Recht die Realkontrakte aus dem Gesichtspunkte der Empfangshaftung. Noch überwog aber in diesen Fällen die Vorstellung des Deliktes durch Treubruch. Das Darlehen mußte per aes et libram eingegangen sein. Für den Pfandvertrag durch bloße Besitzübertragung fehlte überhaupt die Rechtsform. Erst der Verzicht auf die Form und die rechtliche Anerkennung des Besitzes als solchen gaben für den echten Realkontrakt Raum.

Erst indem man zwar nicht auf die Zuzählung des Darlehens überhaupt, aber auf den Libralakt verzichtete, gelangte man — schon in vorplautinischer Zeit — zum formlosen Darlehensvertrag, zum mutuum. Das mutuum war Realkontrakt. Es kam erst und nur durch die Übertragung einer bestimmten Quantität vertretbarer Sachen ins Eigentum des Empfängers zustande. Der Empfänger wurde dadurch zur Rückgabe derselben Qualität und Quantität (tantundem) am vereinbarten Termine verpflichtet. Nicht zu mehr, noch zu weniger. Zinsen mußten deshalb durch besonderen Vertrag (sponsio) bedungen werden. Der Vertrag war stricti iuris. Nur dem Empfänger erwuchsen Verpflichtungen daraus. Das

Darlehen war ein einseitiger Vertrag. Seinem Schutze diente die actio certae creditae pecuniae (condictio).

Wesentlich war die Eigentumsübertragung: si non fiat tuum, non nascitur obligatio. Unter Umständen begnügte sich aber das klassische Recht mit einem Rechtsgeschäfte, das dem Darlehensnehmer entsprechende Befriedigung bot, analog der weitherzigen Auffassung, die man allmählich für die Besitzübergabe bei der Tradition gelten ließ. Ein Darlehen konnte begründet werden durch Zahlung eines Schuldners des Darlehensgläubigers in dessen Auftrag an den Darlehenswerber oder durch Zahlung des Darlehensgläubigers an einen Gläubiger des Darlehenswerbers in dessen Auftrag. Wenigstens teilweise anerkannte man ein Darlehen auch dann, wenn der Darlehenswerber eine Sache zum Verkaufe erhielt, damit er den Erlös als Darlehen behalte, oder wenn der Gläubiger dem Schuldner gestattete, was er ihm ex mandato schuldete, als Darlehen zu behalten. Nur scheinbare Ausnahmen stellten die Fälle dar, in denen der anfängliche Mangel des Eigentums (durch redlichen Verbrauch u. a. m.) geheilt wurde (reconciliatio mutui). Fraglich ist nur, ob die dann zuständige Klage (condictio) als solche aus dem Darlehen oder als solche wegen Ungültigkeit des Darlehens anzusehen war.

Das Darlehen vertrug nicht nur Befristungen, sondern auch Bedingungen. Als bedingtes Darlehen faßte man schließlich auch die schon von Servius Sulpicius behandelte, dem griechischen Recht entlehnte pecunia traiecticia auf, das später sogenannte fenus nauticum. Das war ein Darlehen, dessen Rückzahlung von der glücklichen Rückkehr des Schiffes abhängig gemacht war, auf dessen Ladung man es gewährt hatte und mit dem es reiste. Seine Eigentümlichkeit lag darin, daß der Gläubiger die „Seegefahr" trug. Tatsächlich war es daher ein Glücksvertrag, ein aleatorisches Geschäft, das den Keim der Seeversicherung in sich trug. Seine ursprüngliche Form war eine stipulatio poenae. Dem gewagten Charakter war dadurch Rechnung getragen, daß die hier anscheinend von jeher auch kraft formloser Nebenabrede (pactum adiectum) klagbaren Zinsen von den gewöhnlichen Zinsschranken befreit waren.

Als Rechtsgeschäft erforderte das Darlehen die allgemeine Geschäftsfähigkeit der Parteien. Sie genügte. Darum konnte der Haussohn, seit er überhaupt verpflichtungsfähig war, auch ein Darlehen aufnehmen. Nur mußte der Gläubiger, wenn der Haussohn kein genügendes eigenes Vermögen (peculium) besaß, auf die Zahlung warten, bis der Sohn eigenberechtigt (sui iuris) wurde, seinen Vater beerbte. Um diesen Erfolg zu beschleunigen, soll ein Haussohn, von dem Wucherer (Macedo) bedrängt, seinen Vater ermordet haben. Dieser äußere Anlaß (occasio legis) rief das S. C. Macedonianum hervor, das Gelddarlehen an Haussöhne verbot, um solchen Vorkommnissen für die Zukunft einen Riegel vorzuschieben (ratio legis).

Der Senatsschluß aus der Zeit Vespasians, dem übrigens schon ein Versuch des Claudius vorausgegangen sein soll, gewährte eine exceptio gegen die Klage des Darlehensgläubigers. Die exceptio fand auf jedes Gelddarlehen Anwendung, wenn es sich auch im Gewand eines Darlehens anderer Sachen verbarg oder in Gestalt eines anderen formlosen Vertrages auftrat. Sie versagte dagegen, wenn der Gläubiger aus gutem Grunde den Haussohn für eigenberechtigt hielt oder wenn der Haussohn eigenes Vermögen (peculium castrense) besaß oder, sui iuris geworden, darauf verzichtete. Sie stand nicht bloß dem Haussohne selbst, sondern auch dem Vater und dem Bürgen zu. Dem Vater, wenn er de peculio belangt wurde, dagegen nicht, wenn er seine Zustimmung dazu gegeben hatte oder dadurch bereichert war (quod iussu, de in rem verso etc.). Dem Bürgen, wenn er sich in der Aussicht auf Regreß gegen den Haussohn verpflichtet hatte, weil ihm dieses Regreßrecht durch die dem Haussohne natürlich auch ihm gegenüber zustehende Einrede vereitelt wäre, daher nicht, wenn er ohne Regreßanspruch (animo donandi) gebürgt hatte.

Das S. C. gewährte bloß eine exceptio, es beraubte das Darlehen nicht jeder Wirkung, es ließ, wie man zu sagen pflegt, eine sogenannte Naturalobligation bestehen, d. h. im Gegensatze zur obligatio civilis, eine der actio ermangelnde Obligation. Eine solche war vor allem die Sklavenobligation. Der

Sklave wurde durch Rechtsgeschäfte weder berechtigt noch verpflichtet. Wenn er aber faktisch ein Vermögen (peculium) besaß, schloß er in dessen Verwaltung Geschäfte, die zwar der actio ermangelten, aber doch gewisse faktische Veränderungen hervorrufen konnten. Die Zahlung an den Sklaven vermehrte, die des Sklaven verminderte sein peculium. Wurde der Sklave mit seinem peculium verkauft oder freigelassen, so konnte der bisherige Herr die Zahlung, die er ihm auf Grund eines Geschäftes mit ihm geleistet hatte, nicht vom neuen Herrn oder vom Freigelassenen zurückfordern. Für die Schuld des Sklaven konnte Bürgschaft geleistet werden u. dgl. m. Die Obligation des Sklaven äußerte m. a. W. alle oder doch gewisse Wirkungen der obligatio civilis mit Ausnahme derer, die durch die condicio servilis, durch den Mangel der juristischen Persönlichkeit, namentlich der Prozeßstandschaft ausgeschlossen waren, also vor allem der actio. In diesem Sinne stellte sie das klassische Recht der civilis obligatio als naturalis obligatio (natürliche, unvollkommene Verbindlichkeit) gegenüber. Ähnlich war die Sachlage bei Rechtsgeschäften zwischen pater und filius familias und zwischen Personen, die einer gemeinsamen Gewalt unterworfen waren. Auch sie konnten, das peculium castrense ausgenommen, keine Klage begründen, weil das Vermögen beider Teile eins war. Immerhin war aber die Unmöglichkeit der Obligierung hier auf den häuslichen Kreis beschränkt, der filius familias nach außen nicht mehr bloß persona naturalis. Darum sprach das klassische Recht hier anscheinend nicht von Naturalobligationen, sondern nur von einer species in qua solutum repeti non potest.

Dieser Ausschluß der Rückforderung dessen, was zur Erfüllung einer zivilrechtlich unwirksamen, klaglosen Verbindlichkeit geleistet worden war, griff noch in einer Reihe anderer Fälle Platz. Außer dem Tatbestande des S. C. Macedonianum gehören hierher der von dem Unmündigen ohne auctoritas tutoris geschlossene Vertrag, die Erfüllung der durch Litiskontestation oder durch Eingriff des Magistrats aufgehobenen Verbindlichkeit, vielleicht auch die Zahlung des zu Unrecht freigesprochenen Schuldners. In allen diesen Fällen mit Ausnahme des letzten waren Verpfändung und Verbürgung wirksam. Noch eine Reihe anderer, praktisch minder wichtiger Fälle ließe sich aufzählen. Auf Mißverständnis beruht dagegen wohl die viel verbreitete Lehre, daß das einfache pactum grundsätzlich eine Naturalobligation erzeugte. Überhaupt gehört die Naturalobligation als allgemeine Rechtsfigur vermutlich erst dem justinianischen Recht an. Erst Justinian stattete wohl diesen von ihm geschaffenen Typus mit gemeinsamen positiven Rechtswirkungen (Bürgschaft, Pfand, Kompensation, Novation, Konstitut) aus. Erst er fügte eine Reihe weiterer Fälle hinzu und nahm die durch capitis deminutio erloschene, vom Prätor mit actio ausgestattete Verbindlichkeit unter die Naturalobligationen auf. Das klassische Recht kannte anscheinend weder den einheitlichen Begriff der Naturalobligation noch gemeinsame positive Kriterien der klaglosen Verbindlichkeit. Es kannte nur einzelne Fälle, in denen eine Verbindlichkeit zwar der Klage beraubt, trotzdem aber von gewissen Wirkungen der obligatio civilis begleitet war. Naturalis obligatio war ihm nur das Rechtsgeschäft des Sklaven, weil ihm und nur ihm die zivile Persönlichkeit fehlte.

Wie das Darlehen der formellen Zuzählung, so bedurfte der „Realkontrakt" des alten Rechts auch in den übrigen Fällen der formellen Eigentumsübertragung durch Manzipation oder Injurezession, um Rechtswirkungen hervorzurufen. Der eigentliche Vertragsinhalt (Leihe, Verwahrung, Verpfändung) mußte in die Form fiduziarischer Nebenabrede (pactum fiduciae) gebracht werden. Diese Rechtsform erhielt sich auch im klassischen Rechte. Sie diente überdies dazu, auch andere Zwecke wie Schenkungen von Todes wegen (donatio mortis causa) oder die Tatbestände des Mandats und einzelner sogenannter Innominatkontrakte zu verwirklichen. Das um so mehr, seitdem das pactum fiduciae selbst mit einer actio (bonae fidei) in ius concepta ausgestattet war, die nicht bloß als actio directa dem Veräußerer zur Rückforderung der Sache oder zur Geltendmachung eines Schadenersatzes, sondern auch als actio contraria dem Erwerber zum Ersatze seiner Kosten und Auslagen zustand.

Nicht erst der Verfall der Manzipation und Injurezession, mit dem naturgemäß auch die dadurch bedingte fiduziarische Nebenabrede ihre Existenz einbüßte, verdrängte jedoch die fiducia aus der Praxis. Wer einem anderen eine Sache in Verwahrung gab (depositum), ohne ihm das Eigentum zu übertragen, hatte zunächst zwar die Eigentumsklage auf Rückgabe der Sache, gegebenenfalls auch die actio furti, legis Aquiliae u. a. m. Er hatte dagegen keine Klage aus dem „Verwahrungsvertrag" als solchem. Er war daher dem Verwahrer gegenüber machtlos, wenn dieser die Sache nicht mehr in Händen hatte und auch die Deliktsklage versagte. Auch hier half zunächst, vielleicht erst nach der lex Iulia municipalis vom Jahre 709 der Stadt, die diese Klage noch nicht unter den infamierenden Klagen anführt, der Prätor mit einer in factum konzipierten, vermutlich aus dem Gesichtspunkte des Treubruchs begründeten, deshalb infamierenden, unvererblichen, d. h. als Deliktsklage qualifizierten Annalklage ab, der bald, jedenfalls schon in der Zeit des Augustus, wahrscheinlich noch in der des Triumvirates eine in ius konzipierte, vererbliche und dauernde, also als Vertragsklage charakterisierte actio bonae fidei an die Seite trat. Ebenso war die actio contraria zur Sicherung eventueller Ersatzansprüche des Verwahrers aus denselben Erwägungen mit doppelter Formel ausgestattet, doch anscheinend in beiden Formen jünger als die entsprechende actio directa, so daß solche Gegenansprüche bis dahin wohl überhaupt unberücksichtigt blieben. Wenigstens scheitert die Annahme eines Zurückbehaltungsrechts zu diesem Zweck an der Erwägung, daß „die Austragung zweier, wenn auch konnexer Ansprüche in einem einzigen Prozesse mittels Gewährung der Retentions- und Kompensationseinrede selbst im bonae fidei iudicium erst in einer relativ späten Zeit zulässig wurde“.

Dieselbe Entwicklung weisen commodatum und pignus auf. Auch hier setzte der Prätor mit actio in factum ein, schloß die actio bonae fidei in ius concepta an, reihte sich beiderseits erst an die actio directa die contraria. Nur scheint die Entwicklung hier langsamer vor sich gegangen zu sein. Auch sie wird zwar wohl schon in der Zeit des Gajus, aber vielleicht nicht viel früher abgeschlossen gewesen sein.

Der Verwahrungsvertrag (depositum, servandum datum) war die Übergabe (nicht schon die Vereinbarung der Übergabe) einer beweglichen Sache in unentgeltliche — die Entgeltlichkeit machte das Geschäft zur Miete — Verwahrung auf jederzeitigen Widerruf. Auch ausdrückliche Befristung verpflichtete den Verwahrer nur, berechtigte ihn nicht, vorzeitige Rückgabe zu verweigern. Er durfte die Sache nicht gebrauchen (furtum usus). Die ihm anscheinend später gewährte Kompensations- und Retentionseinrede entzog ihm Justinian wieder.

War die Verwahrung tumultus, incendii, ruinae, naufragii causa geschehen (depositum necessarium, miserabile), so gewährte das Edikt gegen den Verwahrer, den man wahllos hatte annehmen müssen, eine Klage in duplum. Gegen den Erben ging auch sie nur in simplum und nach Maßgabe seiner Bereicherung, in duplum und in solidum bloß, wenn auch er eines dolus schuldig war.

Eine wahrscheinlich in factum konzipierte sequestraria depositi actio hatte der Prätor für den Fall vorgesehen, daß mehrere gemeinsam eine Sache bei einem Dritten (Sequester) mit der Verpflichtung hinterlegt hatten, sie zu verwahren und seinerzeit dem von ihnen herauszugeben, der durch ein bestimmtes Merkmal, etwa durch den Sieg in einem zwischen ihnen schwebenden Rechtsstreit legitimiert würde. Die Sequestration konnte auch unbewegliche Sachen zum Gegenstande haben.

Das sogenannte depositum irregulare gehört, wenn überhaupt dem vorjustinianischen, doch wohl erst dem späteren Recht an.

Als Ausfluß einer qualifizierten Haftung des Verwahrers ist wohl auch die schon Labeo bekannte actio in factum anzusehen, die der Prätor aus dem sogenannten receptum nautarum gewährte: Nautae caupones stabularii quod cuiusque salvum fore receperint nisi restituent in eos iudicium dabo. Der Schiffer, der Gast- und Stallwirt hafteten für die ihnen oder ihren Leuten anvertrauten Sachen. Die Haftung wurde durch die Tatsache der unterlassenen Rückstellung allein begründet. Sie setzte kein Verschulden des Haftenden voraus. Erst die Praxis sprach der Haftung ledig, wenn eigenes Verschulden des „Hinterlegers" oder damnum fatale wie naufragium, incendium, incursus latronum u. a. m. die Rückgabe vereitelt hatten. Die Haftung trat jedoch nicht schon auf Grund des mit dem nauta, caupo oder stabularius abgeschlossenen Miet-, Fracht- oder anderen Vertrages von selbst ein, sondern mußte besonders übernommen werden. Die Fassung des Ediktes und eine Reihe anderer Umstände sprechen deutlich zugunsten einer ausdrücklichen Vereinbarung („salvum fore"). Nur so rechtfertigt sich vor allem die selbständige, qualifizierte Diebstahlsklage gegen diese Unternehmer, falls sie eben nicht ohnedies die besondere Haftung übernommen hatten. Möglich, daß auch dieses receptum griechischer Herkunft war. Allmählich mag es stillschweigend durch den Eintritt des Reisenden in den mit entsprechendem Schilde (sarcinae salvae erunt) versehenen Gasthof u. dgl. m. zustande gekommen sein. Die Haftung ohne die clausula salvum fore bis zur höheren Gewalt und die „vis maior“ sind anscheinend erst justinianische Erfindung.

Leihe (commodatum, utendum datum) war die unentgeltliche — auch hier stempelte ein Entgelt das Geschäft zur Miete — Überlassung (ebenfalls nicht schon die Vereinbarung der Überlassung, pactum de commodato dando) einer beweglichen oder unbeweglichen Sache zum Gebrauche, mit der Verpflichtung, sie nach bestimmter Zeit zurückzugeben. Auch res quae usu consumuntur konnten den Gegenstand der Leihe bilden, wenn sie in specie zurückgegeben, nur ad pompam vel ostentationem verliehen werden sollten. Mißbrauch der Sache war furtum (rei oder usus). Vor Ablauf der Zeit konnte sie der Entlehner, mußte er sie aber nicht zurückstellen.

Pfandvertrag (pignus) war die (Besitz-, nicht Eigentums-) Übergabe einer Sache an den Gläubiger einer Forderung zu deren Sicherstellung, mit der Verpflichtung, sie (oder den aus der distractio pignoris erzielten Überschuß, die hyperocha) zurückzustellen, wenn der Grund der Sicherstellung entfallen, die Forderung getilgt war. Der Pfandnehmer durfte die Sache nicht gebrauchen (furtum usus). Früchte und Zinsen gebührten dem Verpfänder. Sie waren auf die Schuld und deren Zinsen anzurechnen. Doch konnte zwischen Gläubiger und Schuldner vereinbart werden, daß die Früchte der Sache und die Zinsen der Forderung sich gegenseitig aufheben sollen. Schließlich galten die Früchte stillschweigend als Ersatz gesetzlicher Zinsen, wenn für ein unverzinsliches Darlehen eine fruchtbringende Sache zu Pfand gegeben war. Die Bezeichnung *ἀντίχρησις* für diese Abmachung findet sich nur bei Marcian, die Sache selbst bei Papinian, das Recht des Pfandgläubigers die Früchte vice usurarum zu ziehen dagegen schon in früheren Quellen. Der Pfandnehmer hatte Anspruch auf Ersatz eventueller Auslagen und Kosten.

Depositum, commodatum und pignus werden regelmäßig mit dem mutuum als die sogenannten vier (benannten) Realkontrakte zusammengefaßt. Doch war diese Gruppierung anscheinend dem klassischen Rechte fremd, erst justinianisch. Schon Gajus führt zwar als eines der quattuor genera obligationum quae ex contractu nascuntur das an, das re contrahitur. Allein sein (und der Klassiker überhaupt) Begriff der res ist durchaus verschieden von dem, was die gemeine Lehre darunter verstanden wissen will. Res bedeutete ihm nicht Hingabe einer Sache, re contrahere nicht Abschluß eines Vertrags durch Hingabe einer Sache. Res bezeichnete die causa obligandi. Re obligari hieß einfach die Verpflichtung durch eine Tatsache. Diese Tatsache konnte sehr verschieden sein. In diesem Sinne galt auch die Obligation ex delicto als „Realobligation". Darum reihte Gajus dem mutuum sofort das indebitum als Realobligation an, während seine Institutionen umgekehrt depositum, commodatum und pignus in diesem Zusammenhange verschwiegen. In der Tat stand das indebitum dem mutuum näher als die drei anderen „Realkontrakte", insofern es sich bei mutuum und indebitum um Rückgabe einer ins Eigentum des Empfängers übergegangenen Sache, dort um die Herausgabe einer Sache handelte, die im Eigentum des Klägers stand. Das gemeinsame Band, das die „Realobligation" umschlang, war nicht so sehr der Vertrag als vielmehr die Empfangshaftung, der Empfang aus einem Grunde, der zur Rückgabe verpflichtete. Dieses Element verhalf auch den „Realkontrakten" zum Durchbruche gegenüber dem Formalismus des Vertragsrechtes. Weil aber dieses tatsächliche Element hier überwog, floß auf diesem Gebiet im klassischen Rechte der Begriff des Kontraktes mit dem der Obligation zusammen, fehlte die Scheidewand zwischen Realkontrakt und Realobligation.

Schon aus diesem Grunde verliert auch die Kategorie der sogenannten unbenannten Realkontrakte (Innominat(real)kontrakte) ihren Halt für das klassische Recht. Man versteht darunter auf Austausch von Leistung und Gegenleistung gerichtete formlose Vereinbarungen, die dem einen Teil auf Grund seiner Leistung einen Anspruch auf die versprochene Gegenleistung gewährten. Paulus (Justinian?) unterschied in einer stark interpolierten Digestenstelle vier Arten: aut enim do tibi, ut des, aut do ut facias, aut facio ut des, aut facio ut facias. Als Kontrakte bezeichneten diese Vereinbarungen noch nicht einmal die Byzantiner. Jedenfalls anerkannte erst das justinianische Recht ihre grundsätzliche Klagbarkeit. Das klassische Recht gestattete regelmäßig nur die Rückforderung der eigenen Leistung wegen Ausbleibens der Gegenleistung (condictio [causa data causa non secuta]), später anscheinend auch die actio doli, nur ausnahmsweise eine actio incerti civilis auf Erfüllung, die wohl schon in klassischer Zeit gelegentlich auch actio praescriptis verbis hieß, deren Bezeichnung als in factum civilis actio dagegen erst von den Kompilatoren stammen dürfte. Das Rücktritts- (Reu-)recht von dem einseitig erfüllten Vertrage, die sogenannte condictio ob poenitentiam ist jedenfalls erst Interpolationswerk.

Der Streit zwischen Sabinianern und Prokulianern, ob der Tausch unter den Begriff der emptio venditio falle, beweist am deutlichsten, daß zwar schon das klassische Recht das lebhafte Bedürfnis empfand, über den Rahmen der bestehenden Vertragstypen hinauszukommen, daß man aber dazu den Weg wählte, den neuen Stoff der alten Form anzupassen, das neue Vertragsgebilde in die Form des alten Kontraktes zu zwängen. Wie daher das Edikt, aus diesem Streite zu schließen, nicht einmal für den Tausch eine besondere Formel gewährte, so hatte es um so weniger eine allgemeine actio praescriptis verbis proponiert.

Bezeugt ist lediglich eine actio de aestimato. Ihr Tatbestand war das aestimatum („contractus aestimatorius", Trödelvertrag), die Übergabe einer Sache durch den Eigentümer (Großhändler) an einen anderen (Kleinhändler) zum Verkauf um einen Schätzwert, mit der Verpflichtung, diesen vereinbarten Preis abzuliefern (gleichgültig, ob die Sache überhaupt, zu diesem oder zu einem anderen Preise verkauft war) oder die Sache zurückzugeben. Der Zweifel über die Natur dieser Abmachung (Kauf? Miete? Auftrag?) veranlaßte den Prätor zur Gewährung einer besonderen, in ius konzipierten, mit demonstratio ausgestatteten actio bonae fidei auf quidquid dare facere oportet (actio incerti civilis).

Sie bildete anscheinend zugleich das Paradigma für die

in verwandten Fällen von den Juristen angesprochene und vom Prätor gewährte Klage. Im Edikte war keine zweite Klage solcher Art proponiert. Der allgemeine Typus des Innominatkontrakts erlangte erst im justinianischen Recht Anerkennung. Die klassischen Juristen erwähnen nirgends, auch dort nicht, wo der stärkste Anlaß dazu war, die Existenz einer generellen Formel der sogenannten actio praescriptis verbis.

Ähnlich verhält es sich mit der „ungerechtfertigten Bereicherung" und mit der condictio sine causa als deren allgemeinem Bekämfungsmittel. Schon Gajus stellt dem mutuum den Empfang eines non debitum als zweiten Hauptfall einer Realobligation zur Seite: nam proinde ei condici potest si paret eum dare oportere. Noch viel früher räumt Cicero die condictio (actio certae creditae pecuniae) ein, wenn pecunia ... aut data aut expensa lata aut stipulata sit, womit wohl bereits neben Literalvertrag und Stipulation nicht bloß das mutuum, sondern jede „Realobligation" (auf dare) gemeint war. Endlich teilten schon Sabinus und Celsus mit den „veteres" die Meinung: id, quod ex iniusta causa apud aliquem sit, posse condici. Dennoch erhob sich das klassische Recht niemals zu dem allgemeinen Standpunkte, daß jeder, der durch die Leistung eines anderen oder in sonstiger Weise auf dessen Kosten etwas ohne rechtlichen Grund erlangt habe, zur Herausgabe der ungerechtfertigten Bereicherung verpflichtet sei. Namentlich der oft in diesem Sinne berufene Satz: natura aequum est neminem cum alterius detrimento fieri locupletiorem besaß stets nur die Bedeutung eines sittlichen Grundsatzes, einer Anforderun der Billigkeit, nicht die eines unmittel aren Rechtssatzes. Vor allem war aber die condictio Klage weder aus der noch auf die Bereicherung. Die condictio konnte wie andere Klagen infolge besonderer Umstände (dem Erben gegenüber u. a. m.) auf die Bereicherung (in id quod locupletior factus est etc.) beschränkt sein. Das war aber auch hier die Ausnahme. Sie konnte in dem ungerechtfertigten Empfang ihren Grund haben. Aber auch dort, wo das der Fall war (indebitum etc.), begründete der ungerechtfertigte Empfang die condictio nur, falls eine Realobligation zugrunde lag, nicht ein contractus, wohl aber ein negotium: haec species obligationis non videtur ex contractu consistere, quia is, qui solvendi animo dat, magis distrahere vult negotium quam contrahere. Die solcher Grundlage entbehrende, die zufällige Bereicherung konnte unter Umständen einen Anspruch begründen. Aber das war nicht die Regel, galt nur dort, wo es ausdrücklich ausgesprochen war, und der Schutz erfolgte durch actio in factum etc., nicht durch condictio.

Die condictio als abstrakte actio stricti iuris auf dare oportere (eines certum) setzte Haftung voraus, die entweder ausdrücklich (verbis, literis) übernommen oder durch die Tatsache des Empfangs begründet war. Empfangshaftung steckte aber nicht bloß im Darlehen. Sie trat auch jedesmal dann ein, wenn, was empfangen war, zurückzugeben durch Treu und Glauben geboten war: quia pecunia mea ad te pervenit, eam mihi a te reddi bonum et aequum est. Darum condictio (Iuventiana nach Juventius Celsus), wenn wegen mangelnder Willensübereinstimmung der Parteien zwar kein Darlehensvertrag zustande gekommen war, der Darlehenswerber aber doch das Darlehen empfangen hatte. Darum condictio (indebiti), wenn etwas irrtümlich zur Erfüllung einer Verbindlichkeit geleistet war, die niemals, nicht mehr oder noch nicht bestand, mochte sie überhaupt nicht zu recht bestanden haben oder durch exceptio (perpetua) entkräftet sein. Nicht indebite geleistet war das zur Erfüllung einer Naturalobligation oder vor Fälligkeit der unbedingten Schuld (ante diem) Geleistete. Kraft positiver Vorschrift konnte ferner auch das indebitum nicht zurückgefordert werden, wenn die vermeintliche Schuld zu denen gehörte, qui infitiando crescunt in duplum. Condictio (causa data causa non secuta oder ob causam datorum) griff ferner aus dem Gesichtspunkte der Empfangshaftung Platz, wenn etwas gegeben war im Hinblick auf ein künftiges Ereignis, das dann nicht eingetreten war („Innominatkontrakte", Bestellung der dos für die künftige Ehe

u. a. m.). Condictio (ob turpem vel iniustam causam) war ferner begründet, wenn etwas um eines unerlaubten oder unsittlichen Grundes oder Zweckes willen gegeben war, mochte der Grund oder Zweck verwirklicht worden sein oder nicht, sofern nur die Unerlaubtheit oder Unsittlichkeit bloß den Empfänger, nicht auch oder gar nur den Leistenden traf: ut puta dedi tibi ne sacrilegium facias, ne furtum, ne hominem occidas. Si ob stuprum datum sit oder gar quod meretrici datur, repeti non potest. Condictio (sine causa) war endlich jedesmal begründet, wenn der Empfang ex re der iusta causa ermangelte, wenn das Angeld nach Erfüllung des Kaufes in der Hand des Verkäufers geblieben war u. a. m. Aber das klassische Recht hatte keine allgemeine Theorie der ungerechtfertigten Bereicherung. Die condictio griff stets nur aus dem Gesichtspunkte der Empfangshaftung Platz. Die Gruppierung nach indebitum, causa non secuta etc. ist erst Kompilationswerk. Die condictio war weder dem Grunde noch dem Gegenstande nach Bereicherungsklage im technischen Sinn.

Wie der Realkontrakt Justinians anscheinend etwas anderes war als der des Gaius, so weist auch der Konsensualkontrakt einen erheblichen Bedeutungswechsel auf. Justinian stellte ihn in Gegensatz zum Formal- und Realkontrakt, während Gajus auf den Gegensatz von Formalkontrakten und formlosen (Konsensual-) Verträgen abstellte: ideo autem istis modis consensu dicimus obligationes contrahi, quia neque verborum neque scripturae ulla proprietas desideratur. Sowenig die res im Sinne der Vorleistung das verpflichtende Element des Realvertrages bildete, ebensowenig erschien dem klassischen Rechte der Konsens als das vertragsbegründende Kriterium des Konsensualvertrages. Konsens erforderte jeder Vertrag. Die Eigentümlichkeit des Konsensualvertrags war die Formlosigkeit. Aber dem formlosen Konsens als solchem, wie er in jedem pactum zutage tritt, blieb doch die Anerkennung grundsätzlich versagt. Andererseits war auch der Realvertrag formlos. Wenn trotzdem schon das klassische Recht nur die auch später sogenannten Konsensualverträge den Formalverträgen als formlose Kontrakte gegenüberstellte, so war der Grund wohl der, daß im Realkontrakt der Gesichtspunkt der Empfangshaftung überwog, daß die Realobligation (indebitum etc.) dieselbe Wirkung äußerte, mochte sie mit oder ohne Konsens zustande gekommen sein. Der Umstand aber, der gerade bei den vier Konsensualkontrakten den formlosen Konsens als hinreichend erscheinen ließ, war vermutlich der, daß hier die Erkennbarkeit des Verpflichtungsgrundes die Form entbehrlich machte. Dieser Umstand rechtfertigte die Ausnahme, die diese Konsensualverträge und sie allein von dem Prinzipe des Formalaktes darstellten.

Als Konsensualverträge in diesem Sinne galten Kauf, Miete, Gesellschaftsvertrag und Auftrag.

Neben dem Barkauf (mancipatio) kannten schon die Zwölftafeln den Kreditkauf. Zweifelhaft ist nur, wie und wann die Vereinbarung über Ware und Preis als solche verpflichtende Kraft erlangte. Weder die Auflösung des Geschäfts in zwei selbständige Stipulationen (für Ware und Preis) noch die Ableitung aus den Verträgen des Staates mit Privaten hat eine greifbare historische Grundlage oder innere Wahrscheinlichkeit für sich. Auch die vielfach vertretene Annahme eines Übergangsstadiums für den Kauf in Gestalt eines Realkontraktes hat sich als unhaltbar erwiesen. Vollends unglaubwürdig, weil dem strengen Formalismus des älteren Rechts widersprechend, ist die Annahme, daß hier von jeher die formlose Willensübereinstimmung den Schutz der fides genossen habe. Es bleibt daher kaum etwas anderes übrig, als den Konsensualkauf aus der Abspaltung des Manzipationskaufes vom Manzipationsakt entstanden zu denken. In dieser Richtung mögen auch griechische Einflüsse mitgewirkt haben.

Der Kauf war von Haus aus Erwerbsgrund, ursprünglich wirkliche, später auch bloß imaginäre causa der Manzipation. Mit dem Aufkommen des gemünzten Geldes fiel die reelle, dem Erwerbe zugrunde liegende Kausalberedung, die Kaufvereinbarung aus dem Manzipationsakt heraus. Den rechtsbegründenden Akt bildete jedoch noch immer die Manzipation. Die Kaufberedung als solche war vorerst rechtlich bedeutungslos. Sie schöpfte ihre Kraft lediglich aus ihrem Zusammenhange mit dem Manzipationsakt, der dadurch aufrechterhalten war, daß die Rechtsordnung die Vollwirkung des Geschäfts ausdrücklich von der Zahlung des Kaufpreises abhängig machte. Wie aber die Manzipation selbst als Eigentumsübertragungsakt durch die formlose Tradition verdrängt wurde oder zumindest die formlose Tradition der formellen Manzipation gleichwertig an die Seite trat, so setzte sich allmählich auch die formlose obligatorische Vereinbarung, der Konsensualvertrag neben dem formellen Verbalvertrag durch, so daß schließlich die formlose Kaufberedung für sich allein Vertragswirkungen zu begründen vermochte.

Als Zwischenglied dieser Entwicklung einen Zustand anzunehmen, in dem etwa die Übergabe der Ware eine Klage auf den Preis begründete, in dem der Kauf Realkontrakt gewesen wäre, verbietet sich aus schon erörterten Gründen. Als positiven Gegenbeweis kann man es geradezu ansehen, daß die Regel des Eigentumsvorbehaltes bis zur Preiszahlung ausdrücklich auch auf den Traditionskauf erstreckt wurde. Das wäre kaum geschehen, wenn die Übergabe ohnedies eine Klage auf Zahlung des Preises begründet hätte. Wahrscheinlicher ist es, daß der Übergang durch die arrha, das Angeld, vermittelt wurde.

Die arrha des klassischen Rechts war argumentum emptionis et venditionis contractae, Zeichen des Vertragsschlusses (sogenannte arrha confirmatoria). Die übrigen Verwendungen der arrha (als Reugeld u. a. m.) gehören erst dem nachklassischen Recht an. Das Bedürfnis solcher arrha und die Möglichkeit dazu bestanden nur beim formlosen, beim Konsensualvertrag, um die unverbindliche Vorbesprechung von der verbindlichen Vertragsabrede abzugrenzen. Ihr Wesen bestand darin, daß sie nicht ein wesentliches Vertragselement bildete, zum Abschlusse des Vertrags nicht erforderlich war, sondern lediglich aus Anlaß des Vertragsschlusses, als äußeres Zeichen der Perfektion des Vertrags gegeben wurde. Sie war daher auch regelmäßig, mochte sie in Geld oder Ringen — das die beiden üblichen Formen des Angelds — gegeben sein, nach Erfüllung oder bei Auflösung des Vertrags zurückzugeben (condictio).

Durchaus verschieden davon war die arrha, von der Varro sagt: sic data, ut reliquum reddatur, und die er mit Recht dem griechischen ἀῤῥαβών zur Seite stellt. Dieser arrhabo bedeutete doch wohl eine Pfandsetzung. Diese Funktion versah wenigstens der griechische ἀῤῥαβών. Das griechische Recht scheint niemals der bloßen formlosen Willensübereinstimmung obligatorische Verpflichtungskraft beigemessen zu haben. Solcher Vereinbarung mußte durch Leistung eines arrhabo Nachdruck verliehen werden. Diese Pfandsetzung gewährte dem „Verpfänder" ein Recht auf Einlösung des Pfandes durch Vollzug des Kaufes. Andernfalls verfiel das Pfand, verwirkte der säumige Empfänger des Pfandes eine Strafe. Der griechische Arrhalvertrag war m. a. W. ein Haftungsgeschäft, das Sachhaftung mit der arrha erzeugte.

In dieser Weise bahnte vielleicht auch der arrhabo Varros den römischen Konsensualkauf an. Zumindest ist die wiederholte Identifizierung von arrha und pignus noch in der klassischen Rechtssprache bemerkenswert. Die formlose Vereinbarung als solche war zunächst unverbindlich. Auch die Übergabe der Sache begründete noch keinen Anspruch auf den Preis. Dem Manzipanten oder Tradenten war nur das Eigentum an der Ware bis zur Zahlung des Preises vorbehalten. Die Haftung für den Preis mußte durch besonderes Haftungsgeschäft (sponsio etc.) übernommen werden. Hier setzte vielleicht der arrhabo ein. Auch er gewährte noch keine Klage auf Erfüllung. Wollte aber der Leistende nicht seinen arrhabo einbüßen, der Empfänger nicht kraft der durch den Empfang begründeten Verpflichtung zur Rückgabe (des duplum?) den gleichen Betrag verlieren, so mußten sie beide die formlose Vereinbarung erfüllen. Der erziehliche Einfluß dieser Maßregel mochte schließlich von selbst dazu führen, daß der arrhabo als überflüssig erachtet, die formlose Vereinbarung als solche eingehalten, ihre Erfüllung als dem allgemeinen Rechtsbewußtsein entsprechend angesehen und daher schließlich durch Gewährung geeigneter Klagen gesichert wurde.

Wann und wie diese Klagen gewährt wurden, unterliegt allerdings neuerlichem Zweifel. Die Zeugnisse des älteren Cato und des Plautus können zwar kaum mit unbedingter Sicherheit als Beweise für die damalige Klagbarkeit des Kaufes und anderer Konsensualkontrakte durch actiones bonae fidei angesehen werden. Andererseits würde es „für eine hochentwickelte Zeit der römischen Kultur eine erschreckende Rechtlosigkeit" bedeuten, wenn man die Klagbarkeit der freien Kontrakte etwa erst in das zweite vorchristliche Jahrhundert herabsetzen wollte. Ebenso unzulänglich ist die Annahme, daß zwar schon das ältere Recht die Konsensualkontrakte anerkannt, daß aber erst der Formularprozeß die Klage zur actio bonae fidei gemacht habe. Vielmehr liegt wohl hier einer der Fälle vor, in denen schon zur Zeit des Legisaktionenprozesses per formulas agiert wurde. Man wird m. a. W. den Konsensualkontrakt schon für das ältere Recht in Anspruch nehmen und vermuten dürfen, daß die Klage von jeher actio bonae fidei, nur eben damals auf das vom Prätor aushilfsweise neben der legis actio gewährte Formularverfahren angewiesen war. Unterstützt wird diese Annahme dadurch, daß der Prätor schon früh diese bonae fidei iudicia ohne Edikt in sein Album aufnahm.

Nur diese Entwicklung macht die synallagmatische Natur des Kaufes, die gegenseitige Bedingtheit der beiden Leistungen verständlich, die weder in dem Kauf als Realkontrakt noch in der Doppelstipulation begründet wäre. Man hat allerdings gerade die dem Synallagma dienende exceptio non adimpleti contractus für den Kauf als Realkontrakt verwerten wollen. Denn dem Käufer und nur ihm habe ursprünglich diese Einrede als exceptio mercis non traditae zugestanden, um den Verkäufer zur vorgängigen Tradition oder zu dem Beweise zu zwingen, daß er tradiert habe. Sie sei nicht aus der Relativität der beiden Obligationen entsprungen, sondern umgekehrt dazu bestimmt gewesen, sie zu begründen. Inzwischen hat sich jedoch herausgestellt, daß das Urbild dieser Einrede, die exceptio mercis non traditae von Haus aus lediglich auf die Kontrakte der Argentarier, auf die von ihnen vorgenommenen Mobiliarauktionen und, da hier die Preisschuld regelmäßig in die Form eines Verbalvertrags gekleidet war, auf den Verbalvertrag gemünzt war, erst in der Folge, anscheinend erst in nachklassischer Zeit auf alle Arten von Verkäufen ausgedehnt wurde.

Nur als überkommene Eigenheiten des Manzipationskaufs lassen sich auch gewisse auffallende Erscheinungen des Konsensualkaufs erklären. Daß die bona fides bei der usucapio pro empto schon zur Zeit des Vertragsabschlusses vorhanden sein mußte, daß die Gefahr auf den Käufer schon in diesem Augenblick überging, daß er den Kaufpreis zahlen mußte, obwohl die Sache nach diesem Zeitpunkt, aber vor der Übergabe zufällig untergegangen war, ist nur als Anachronismus aus der Zeit des „Naturalkaufes" erklärlich, wo Vertragsabschluß und Übergabe der Ware grundsätzlich zusammenfielen. Das historische Recht beschränkte sich darauf, den Geltungsbereich der harten Regel nach Möglichkeit einzuschränken.

Vor allem scheint der Satz periculum est emptoris perfecta emptione wie die Regeln vom Kauf überhaupt nur für individuell bestimmte Sachen (einschließlich des Mengenkaufes, der emptio ad mensuram, des Kaufes einer aus einem individuellen Ganzen auszuwählenden Sache oder Menge) gegolten zu haben. Der reine Gattungskauf war dem römischen Recht anscheinend nur in Gestalt und mit den Wirkungen eines Verbalvertrags geläufig. Der Grund dafür läßt sich allerdings nicht ermitteln. Möglicherweise lag auch er in dem ursprünglichen Charakter des Kaufs als Erwerbsgrund, als causa der Manzipation, die eine bestimmte Sache als Objekt verlangte.

Indem man ferner die Perfektion des Vertrags betonte, entzog man der Regel die emptio ad mensuram insofern, als hier erst die „Ausscheidung", Zuwägung usw. den Vertrag vollendete, so daß der Käufer nur den Preis für so viel schuldete, wie im Augenblicke der Lieferung noch da war, und ebenso den Kauf, dessen Preis umgekehrt nur nach Maßeinheiten bestimmt war, so daß der Gesamtpreis erst durch Abwägen, Abmessen, Abzählen (adnumeratio) der verkauften Menge bestimmt werden mußte. Aus demselben Grunde trat die Regel beim (suspensiv) bedingten Kauf erst mit dem Eintritte der Bedingung in Kraft, so daß der frühere Untergang der Sache auch den Käufer befreite. Eine bloße Wertminderung ging dagegen in diesem Fall auf Gefahr des Käufers.

Endlich stand es den Parteien selbstverständlich frei, die bloß dispositive (nachgiebige) Rechtsregel durch entsprechende Vereinbarung zu modifizieren. Immerhin barg sie noch Ungerechtigkeit genug in sich. Hatte der Verkäufer z. B. dieselbe Sache zweimal verkauft, gewährte sie ihm, wenn sie rechtzeitig unterging, Anspruch auf den Kaufpreis gegen beide Käufer.

Der Kauf (emptio venditio) war ein Konsensualvertrag, der durch Einigung über Ware und Preis zustande kam. Die Ware (res, merx) war der Gegenstand der Leistung des Verkäufers (venditor). Sie konnte eine bewegliche oder unbewegliche, körperliche oder unkörperliche (eine zu bestellende Grunddienstbarkeit, ein Nießbrauch, eine Forderung, Erbschaft), eine gegenwärtige oder künftige Sache sein (emptio rei speratae, Kauf einer bestimmten Sache um einen bestimmten Preis unter der Bedingung, daß sie entsteht, gleichgültig welcher Qualität; emptio spei, unbedingter Kauf der Hoffnung, daß die Sache entstehen werde; gewagtes Geschäft, z. B. eines

Loses u. dgl. m.). Der Preis (pretium) mußte in Geld (pecunia numerata) bestehen, den Begriff im strengen staatsrechtlichen Sinne genommen (materia forma publica [sc. populi Romani] percussa vel signata). Das pretium mußte certum, d. h. ursprünglich ziffermäßig bestimmt sein. Allmählich genügte Bestimmbarkeit. Das Schwanken des Begriffes erwähnt noch Gajus. Wenn man überdies von einem pretium verum sprach, so sollte damit nur gesagt sein, daß der Preis ernstlich, nicht zum Scheine gemeint sein müsse. Das pretium iustum vollends, die Angemessenheit des Preises und die damit zusammenhängende Anfechtung des Vertrags wegen sogenannter laesio enormis gehören erst dem justinianischen Recht an. Für das klassische Recht galt vielmehr die Regel: . . . in emendo et vendendo naturaliter concessum est . . . invicem se circumscribere, ita in locationibus quoque et conductionibus . . .

Das Erfordernis des Geldpreises schied den Kauf vom Tausch, bei dem Ware und Ware einander gegenüberstanden. Der gegenteilige Standpunkt der Sabinianer, die als Preis auch etwas anderes als Geld zulassen und dadurch den Tausch (permutatio) der Regeln des Kaufs teilhaftig werden lassen wollten, vermochte sich nicht durchzusetzen. Damit war der Tausch aus dem Kreise der Konsensualverträge ausgeschlossen. Denn nicht etwa war der Standpunkt der Sabinianer der des überlieferten Rechtes, waren etwa ehedem Kauf und Tausch eins, sondern das gerade Gegenteil ist wahrscheinlich. Der „Kredittausch" war nur als „Innominatkontrakt" wirksam. Das Bedürfnis, ihn als Konsensualvertrag anzuerkennen, war übrigens kaum vorhanden. Denn so sehr in unentwickelten Verhältnissen der Bartausch den Barkauf überwiegen mag, so sehr lassen allenthalben vorgeschrittene Verkehrsverhältnisse den Kredittausch hinter dem Kreditkauf zurücktreten.

Der Kauf erzeugte Verpflichtungen des Käufers (actio venditi) und des Verkäufers (actio empti). Der Käufer (emptor) war verpflichtet, den vereinbarten Preis zu zahlen (pretium dare), das Eigentum (nicht bloß den Besitz) an der entsprechenden Menge Geldes zu verschaffen, sowie den Preis von der Leistung der Ware an zu verzinsen und, wenn er in Annahmeverzug war, die Kosten der Erhaltung der Ware für diese Zeit zu vergüten. Er konnte sich dagegen, wenigstens später, gegen die actio venditi mit der exceptio mercis non traditae verteidigen, wenn ihm nicht geliefert noch auch Vorleistung des Preises (Pränumerationskauf) bedungen war. Er konnte ferner die Zahlung des Preises verweigern, wenn inzwischen schon von einem Dritten ein Rechtsstreit um die Ware gegen ihn anhängig gemacht war.

Der Verkäufer war verpflichtet, dem Käufer die Ware (cum sua causa, mit allem, was dazu gehört, samt Früchten und anderem Zuwachs der Zwischenzeit) zu verschaffen (rem praestare, [vacuam] possessionem tradere). Er haftete vom Abschluß des Vertrags bis zur Übergabe der Sache für deren von ihm verschuldete Vernichtung oder Verschlechterung. Er hatte jedoch nicht das Eigentum, sondern nur den ungestörten Genuß der Sache zu verschaffen. Nicht eine Widerlegung, nur eine Ausnahme von dieser Regel war es, daß der redliche Käufer dem unredlichen Verkäufer gegenüber, der wissentlich eine fremde Sache verkauft hatte, sofort, ohne die Eviktion abzuwarten, ex empto Schadenersatz begehren konnte. Der Verkäufer mußte zwar alle Rechte übertragen, die er selbst an der Sache hatte, die formellen Voraussetzungen für den Eigentumserwerb durch den Käufer schaffen, die verkaufte res mancipi manzipieren, die res nec mancipi tradieren. Aber er war nicht verantwortlich dafür, daß der Käufer auch wirklich Eigentümer wurde. Auch das vermutlich eine Nachwirkung des Manzipationskaufs, der wenigstens von Haus aus wahrscheinlich nicht absolutes Eigentum schuf, sondern nur den relativen Währschaftsanspruch (actio auctoritatis) gegen den Auktor.

Aus dem Manzipationskauf entsprangen anscheinend ohne besondere Abrede als Deliktsansprüche die actio auctoritatis und die actio de modo agri auf das duplum wegen Entwährung. Was hier kraft Rechtens eintrat, das mußte beim formlosen Kaufe zunächst ausdrücklich durch Verbalvertrag vereinbart werden. Die passende Anknüpfung bot die satisdatio (repromissio) secundum mancipium, die doch wohl, wie schon der Name andeutet, eine an die Manzipation anschließende Kaution darstellte und vermutlich das Eintreten von Bürgen ermöglichen sollte, das eine verborum obligatio voraussetzte. Sie war anscheinend eine Kaution, die den Inhalt der gesetzlichen Haftung des Manzipanten in sich aufnahm, sie vielleicht auch modifizieren, dagegen wohl kaum die Manzipation und die daraus entspringende Haftung ersetzen konnte. Das dürfte erst durch die stipulatio duplae (... solet ... si mancipio non datur dupla promitti) geschehen sein. Bei Sachen geringeren Wertes (Kleinvieh u. dgl. m.), bei res nec mancipi begnügte man sich sogar mit einer stipulatio rem habere licere (simplae?). Erst im zweiten Jahrhunderte der Kaiserzeit erkannte man dem Käufer aus dem Gesichtspunkte der bona fides das Recht zu, den Verkäufer durch actio empti zum Abschlusse dieser Stipulationen zu zwingen. Schließlich verstand sich die Haftung des Verkäufers von selbst, so daß es nicht erst dieser Stipulation bedurfte, sondern nur ein pactum (de non praestanda evictione) sie ausschließen konnte und auch das bloß, wenn der Verkäufer nicht wußte, daß die Sache nicht ihm gehöre. Auf die Einzelheiten dieses erst in severischer Zeit abgeschlossenen Rechtszustandes ist hier nicht einzugehen.

Der Evictions-(Entwährungs-)anspruch war begründet, si res vel pars eius evicta fuerit, quo minus (uti frui)habere (possidere) liceat, wenn der Käufer in einem (dem Verkäufer rechtzeitig verkündeten?) Rechtsstreit um die Sache unterlegen, zu ihrer Herausgabe an einen Dritten auf Grund eines Rechtes verurteilt worden war, das diesem Dritten schon zur Zeit des Verkaufes zugestanden hatte.

Wie die actio auctoritatis und vor allem die actio de modo

agri nicht bloß den Mangel des Rechts, die Eviktion, sondern auch schon gewisse Mängel der Sache rügten, so wurde alsbald auch mit der Eviktionsstipulation eine solche, die dem Käufer Freiheit der Sache von gewissen Mängeln oder das Vorhandensein bestimmter Eigenschaften (dicta et promissa) zusicherte, und zwar derart verbunden, daß der ganze Vorgang als stipulatio duplae (simplae) galt. Dagegen gingen die Ädilen bei den ihrer Handelsgerichtsbarkeit unterstellten Sklaven- und Vieh- (iumenta) käufen von der Vorstellung aus, daß der Verkäufer seine Ware kennen müsse und daher verpflichtet sei, dem Publikum deren Mängel zugleich mit ihrer Ausbietung öffentlich zur Kenntnis zu bringen. Darum zwangen sie den Verkäufer (nur?) bei Sklavenkäufen zur stipulatio duplae für Entwährung und für Abwesenheit solcher Mängel, die er nicht kundgemacht hatte, indem sie dem Käufer mangels einer Stipulation innerhalb zweier Monate die sogenannte actio redhibitoria, nach Ablauf dieser Zeit für weitere sechs Monate die actio quanti minoris (aestimatoria) gewährten. Sie räumten überdies dieselben Klagen, die redhibitoria während einer Frist von sechs, die quanti minoris während einer solchen von zwölf Monaten für alle unter ihre Gerichtsbarkeit fallenden Käufe ein, falls die Stipulation nicht geleistet oder ein heimlicher Mangel entdeckt wurde. Die actio redhibitoria, — das Edikt gewährte zwar verschiedene actiones redhibitoriae, doch stimmten sie in der Formulierung derart überein, daß man doch auch wieder von einem iudicium redhibitoriae actionis redete —, eine actio arbitraria mit anscheinend doppelter condemnatio, in duplum, wenn der Beklagte dem arbitrium auf Rückgabe des Preises, auf Auflösung des Vertrags nicht entsprach, aber auch sonst in simplum, also praktisch, ihrem ursprünglichen Charakter als Strafklage entsprechend, stets auf das duplum, wurde auch durch den zufälligen Untergang der Sache nicht berührt: mortuus redhibetur.

Die actio quanti minoris auf entsprechende Preisminderung ist nicht mit Sicherheit rekonstruierbar.

Um die Mitte des siebenten Jahrhunderts der Stadt setzte das Juristenrecht zuerst für Grundstückskäufe, vielleicht dem Beispiele der Ädilen folgend, auch bei Käufen des bürgerlichen Rechts ohne Stipulation die Haftung des Verkäufers gegenüber der actio empti für solche Mängel durch, deren Abwesenheit regelmäßig stipuliert zu werden pflegte, und deren Anwesenheit er dem redlichen Käufer bewußt verschwiegen hatte, sowie für solche Vorzüge, die er wider besseres Wissen dem redlichen Käufer zugesichert hatte. Immerhin war hier im Gegensatze zum ädilizischen Edikt Kenntnis des Verkäufers von dem Mangel vorausgesetzt. Der Ausgleich durch Ausdehnung der Grundsätze des ädilizischen Ediktes auf Käufe aller Art, durch Rezeption der von den Ädilen aus dem Gesichtspunkte des Strafrechts für den beschränkten Kreis des Marktverkehrs aufgestellten Grundsätze ins Zivilrecht, indem man die Garantie für Mängel als eine den Gewohnheiten des Lebens und darum als eine der bona fides des Kaufes entsprechende Aufgabe der actio empti selbst ansah, erfolgte erst später.

Durchaus anders als die Entwicklung des Kaufvertrags ging anscheinend die der Miete vor sich. Jedenfalls ist man hier noch viel mehr auf Vermutungen und Kombinationen angewiesen als dort. Mag nun, was immer noch mit Rücksicht auf die Zwölftafeln, die nur von der Miete von Spannvieh handeln, auf die Terminologie (locare und conducere, aufstellen und wegführen?) und aus anderen bereits erörterten Gründen als das Wahrscheinlichere gelten kann, die Mobiliar- oder auch die Immobiliarmiete die ältere sein, deren Anknüpfung an die Bittleihe, an das precarium am glaubwürdigsten erscheint, sicherlich ist doch wohl die Sachmiete (locatio conductio rei) als der Urtypus des Geschäfts anzusehen.

Die Dienst- und Werkmiete (locatio conductio operarum und operis) entwickelten sich vermutlich erst im Anschlusse daran in der Weise, daß, was anfänglich nur durch die Miete von Sklaven erzielt wurde, die als Sachen im Rechtssinne jedesmal selbst den Gegenstand der Miete bildeten, so daß der Vertrag, mochte es sich auch bloß um die Leistung von operae oder eines opus handeln, stets den Charakter einer locatio conductio rei annahm, allmählich auch zum Gegenstande von Vereinbarungen mit personae liberae gemacht wurde, die in der Tat nur die Leistung von Diensten (operae) oder die Erstellung eines bestimmten Werkes (opus) auf sich nahmen. Dabei mögen die staatlichen Verdingungen, die dabei üblichen leges contractus zum Vorbilde gedient haben. Nur für die Annahme, daß die Verpflichtungskraft solcher privatrechtlicher Abmachungen aus diesen Vorbildern des öffentlichen Rechts abzuleiten wäre, fehlt jede Basis. Nicht minder widerstrebt die Miete gleich dem Kaufe dem Versuch, sie auf eine Doppelstipulation zurückzuführen oder aus dem für die Realkontrakte verständlichen Gesichtspunkte der Empfangshaftung zu erklären. Andererseits versagt aber auch die Analogie des Kaufs schon darum, weil die Miete ihrer Natur und Zweckbestimmung nach, dem einen gegen angemessenes Entgelt den Genuß einer Sache oder der Arbeitskraft eines anderen auf Zeit zu verschaffen, von Haus aus nicht Zug um Zug erfüllbares Bargeschäft gewesen sein kann.

Möglich, daß man sich auch hier einmal mit der fiducia (cum amico) half, die allerdings durch die Verpflichtung des Empfängers zur Gegenleistung (des Mietzinses) kompliziert gewesen wäre und für die jede Spur in den Quellen fehlt. Dagegen weisen solche Spuren mit ziemlicher Deutlichkeit darauf hin, daß die Miete von Haus aus und vielleicht während der ganzen klassischen Rechtsperiode Konsensualkontrakt zwar im gajanischen, aber nicht im justinianischen, Realkontrakt nicht im gajanischen, aber im justinianischen Sinne gewesen sei. Die Miete war anscheinend Konsensualkontrakt im

Gegensatze zum Formalakt, in dem Sinne, daß sie formlos zustande kam. Sie war zugleich Realkontrakt insofern, als sie nicht schon durch die Einigung, sondern erst durch Leistung, durch Hingabe der Sache (res, operae, opus) zustande kam, die nur nicht, wie beim technisch sogenannten Realkontrakte zur Rückgabe an einem bestimmten Termine verpflichtete, sondern dem Empfänger einen dauernden Genuß verschaffen sollte. Man kann sich zum Beweise dafür auf das klassische Recht selbst berufen, das den Mieter nur soweit zur Leistung der merces verpflichtete, als ihm das frui gewährt war; das überall dort, wo es von Rechten und Pflichten aus dem Mietvertrage spricht, die Übergabe der Sache voraussetzt; das nur von einer Haftung des Vermieters für die Vereitelung des zugesicherten Genusses, nirgends von einer solchen für die (als selbstverständlich vorausgesetzte) Übergabe der Sache handelt. Konsensualkontrakt im justinianischen Sinne wurde die Miete anscheinend erst durch Justinian. Die Entwicklung des klassischen Rechts beschränkte sich vermutlich darauf, daß auch hier, ähnlich wie beim Kaufe, die Verpflichtung zur Gegenleistung anfänglich durch besonderes Haftungsgeschäft übernommen, später durch arrha sichergestellt, schließlich als selbstverständlich angenommen wurde. Daß uns die arrha bei der Miete nur in der Gestalt des „Angeldes" nicht auch als arrha confirmatoria im Sinne des späteren römischen Rechts begegnet, mag zugleich als Beweis mehr dafür gelten, daß die Miete des klassischen Rechts nicht Konsensualkontrakt im justinianischen Sinne war.

Die locatio conductio des klassischen Rechts erzeugte in jedem Fall in ius konzipierte actiones bonae fidei, deren demonstratio nach Bedarf auf rem (fundum), opus (faciendum) oder operas abgestellt war.

Sachmiete war Überlassung des Genusses einer Sache gegen ein bestimmtes Entgelt (merces). Gegenstand der Sachmiete konnte eine unbewegliche oder bewegliche (unverbrauchbare) Sache sein. Sie konnte — wenigstens bei praedia municipum — in perpetuum geschehen, so daß sie weder dem Mieter noch dessen Erben entzogen werden konnte. Sie konnte aber auch nur für bestimmte Zeit — ländliche Grundstücke regelmäßig für fünf Jahre — oder endlich — und das war die Regel — für unbestimmte Zeit in der Weise erfolgen, daß beide Teile den Vertrag jederzeit (vertragsmäßig, nicht einseitig) auflösen konnten. Die merces bestand regelmäßig in Geld. Doch scheint dieses Erfordernis nicht unerläßlich gewesen, der Charakter des Vertrags als Miete auch bei anderem Entgelt nicht unbedingt abgelehnt worden zu sein. Jedenfalls gestattete die Miete landwirtschaftlicher Grundstücke, die Pacht (colonia), die Vereinbarung des Mietzinses ganz oder zum Teil in Früchten (colonia partiaria), deren Ausmaß absolut (pars quanta) oder im Verhältnis zum Ertrag (pars quota) bestimmt sein konnte. Weder die Annahme daß solche Vereinbarung überhaupt, noch die, daß wenigstens die Vereinbarung einer pars quota in Früchten den Vertrag des Mietcharakters beraubt habe, scheint dem Quellenstande für das klassische Recht zu entsprechen.

Der Mieter (conductor; colonus, Pächter eines landwirtschaftlichen, inquilinus eines städtischen Grundes) hatte Anspruch auf den ungestörten Genuß der Sache (actio conducti). Der Vermieter (locator) haftete für sein Verschulden. Als solches galt es auch, wenn er die Sache veräußerte und der an den Mietvertrag nicht gebundene Erwerber — Kauf bricht Miete — dem Mieter den Genuß der Sache entzog. Er hatte dagegen Anspruch auf den Mietzins (actio locati). Doch nur nach Maßgabe des gewährten Genusses. Er mußte sich daher eine Minderung des Zinses (remissio, reputatio mercedis) gefallen lassen, wenn dieser Genuß dem Mieter ohne dessen Verschulden geschmälert war. Andererseits mußte der Pächter bei mehrjähriger Pacht die guten gegen die schlechten Jahre ausgleichen. Der Mieter erhielt die Sache zum Genusse. Sein Recht war jedoch bloß ein Forderungsrecht. Eigentum und (juristischer) Besitz der Sache standen dem Vermieter zu. Sogar sein Forderungsrecht verlor der Mieter, wenn er mit dem Zins (nach justinianischem Rechte zwei Jahre lang) im Rückstand blieb, wenn er die Sache mißbrauchte, wenn die vereinbarte Frist abgelaufen war, sofern der Vertrag nicht stillschweigend fortgesetzt wurde, was für landwirtschaftliche Grundstücke (auch schon nach klassischem Rechte?) jedesmal für ein weiteres Jahr galt, doch jedenfalls die von einem Dritten geleistete dingliche Sicherheit erlöschen ließ (relocatio tacita). Die Pacht endete überdies, anscheinend wenigstens noch zu Beginn der Kaiserzeit, regelmäßig durch den Tod des Pächters.

Die Dienstmiete konnte nur „niedere" Dienste, operae locari solitae, operae illiberales (im Gegensatze zu den artes. artes ingenuae) zum Gegenstande haben. Der Arbeitnehmer (locator, operarius) konnte sich nur persönlich, also höchstens auf seine Lebenszeit verpflichten. Der Arbeitgeber (conductor) schuldete den Arbeitslohn (merces) nach Maßgabe der geleisteten Dienste (operae). Die Werkmiete verpflichtete den Übernehmer (conductor) zur Ausführung einer bestimmten Arbeit, zur Erbringung eines bestimmten Erfolges. Der Besteller (locator) schuldete den vereinbarten Preis (merces) entweder für die ganze Arbeit als solche (opus aversione locatum) oder für einzelne Teilleistungen oder endlich zu dem vereinbarten Termin (ad diem). Die Ansprüche waren grundsätzlich beiderseits vererblich.

Als Werkmiete galt auch der Transportvertrag. War freilich eine Menge vertretbarer Sachen mit der Verpflichtung zum Transport übergeben, daß nur die gleiche Menge gleicher Art und Güte zu liefern sei (heute sogenannte loc. cond. irregularis), so gewährte der Prätor eine besondere, schon dem Alfenus Varus überflüssig erscheinende und darum wohl überhaupt nicht in das edictum perpetuum übergegangene deliktische actio oneris aversi.

Viel größer war die Bedeutung eines anderen, für den Seetransport geltenden Sonderrechts, das das römische ius gentium unmittelbar oder mittelbar schon in republikanischer Zeit dem rhodischen Handelsrecht entlehnte, der deshalb sogenannten lex Rhodia de iactu. Sie bestimmte, daß die Opferung der ganzen oder eines Teiles der Ladung, die zur Abwendung einer Schiff und Ladung gemeinsam bedrohenden Gefahr (Havarie) vom Führer des Schiffes (exercitor navis) verfügt worden war, von allen Gefährdeten gemeinschaftlich zu tragen sei. Danach stand dem Eigentümer der geopferten Waren aus seinem Frachtvertrage mit dem Schiffsreeder (magister navis) die actio locati gegen diesen, diesem aus dem Frachtvertrage mit den Eigentümern der geretteten Güter die actio conducti gegen sie auf verhältnismäßigen Ersatz zu.

Die Gesellschaft (societas), der Vertrag, durch den zwei oder mehrere Personen Vermögenschaften und Arbeitsleistungen, nur das eine oder das andere oder auch beides zu gemeinsamen Zwecken vereinigen, trat im klassischen Recht in verschiedener Gestalt auf, teils als allgemeine, das gesamte gegenwärtige und künftige Vermögen umfassende Gütergemeinschaft (societas omnium bonorum), teils als Erwerbsgesellschaft zu gemeinschaftlichem Erwerb alles künftigen Vermögens (societas universorum quae ex quaestu veniunt) oder zum gemeinsamen Betrieb eines bestimmten Erwerbszweiges (societas alicuius negotiationis) oder auch nur als Gelegenheitsgesellschaft für eine einzelne bestimmte Angelegenheit (societas unius rei).

Die Musterformel der actio pro socio war anscheinend auf die societas omnium bonorum abgestellt. Jedenfalls stand diese Gesellschaftsform in den Ediktskommentaren voran. Auch die Bestimmung des Ediktes über das beneficium competentiae bezog sich auf diesen Fall oder wurde wenigstens bis auf Sabinus davon verstanden. All das läßt die societas omnium bonorum als das Prototyp der Gesellschaft erscheinen, das sich seinerseits doch wohl am natürlichsten als Fortbildung des alten consortium erklärt, der fortgesetzten Güter-(Erblose, sortes)gemeinschaft der Familiengenossen nach dem Tode des Familienhauptes. Nur war schon dieses consortium vermutlich nicht Erbengemeinschaft mit Hinausschiebung der Erbteilung, sondern bereits auf Vereinbarung beruhende allgemeine Gütergemeinschaft. Daraus erklären sich am natürlichsten das ius quodam modo fraternitatis, die fides, die sancta religio societatis, die noch die Gesellschaft des klassischen Rechts beherrschten, die daraus abgeleitete Gewährung des beneficium competentiae für jeden socius sowie die Bedrohung des unredlichen Gesellschafters mit Infamie. Die unterschiedslose Anwendung dieser Grundsätze auf jede Gesellschaft entzieht zugleich der Vermutung die Wahrscheinlichkeit, daß zwar die societas omnium bonorum aus dieser Wurzel entsprungen, die übrigen Gesellschaftsformen, die Erwerbsgesellschaften dagegen aus anderen Anfängen hervorgegangen seien, teils aus der politio, einem Vertrage zwischen Grundeigentümer und „Pächter" über Viehzucht oder Bebauung von Ackerland gegen Gewinnstbeteiligung, teils aus griechischen Geschäftsformen. Wenn daher auch vermutlich auf einen gemeinsamen Ausgangspunkt zurückgehend, entwickelten sich doch wohl schon frühzeitig aus den verschiedenen wirtschaftlichen Bedürfnissen einzelne Sonderformen der Gesellschaft. Über den Einzelheiten dieser Entwicklung und über dem Weg, auf dem die Sozietät in den Kreis der Konsensualverträge eintrat, schwebt völliges Dunkel. Die Grundsätze der fides, die die Gesellschaft von Haus aus beherrschten, legen, wenn irgendwo, so hier den unmittelbaren Übergang von deliktischer Haftung zur bonae fidei actio am nächsten.

Die Gesellschaft kam durch Vereinigung zur Verfolgung gemeinsamer Zwecke (animus contrahendae societatis, affectus societatis) zustande. Die Beiträge, Einlagen der einzelnen Gesellschafter (socii) konnten in Vermögenswerten oder in Arbeitsleistungen bestehen. Die Vermögenswerte konnten zu Miteigentum oder auch nur zu gemeinsamer Nutzung (quoad usum) gewidmet sein. Die Einlagen konnten für die einzelnen Gesellschafter verschieden bestimmt und ungleich an Wert sein. Als Gesellschafter galt jedoch nur, wer irgendeine Einlage leistete. Die Einlage mußte jedem Gesellschafter Anteil an den Vorteilen, am Gewinne der Gesellschaft sichern. Auch dieser Anteil konnte für die einzelnen Gesellschafter verschieden und nach einem anderen Verhältnisse bestimmt sein als die Einlage desselben Gesellschafters. Auch konnte der einzelne Gesellschafter an Gewinn und Verlust verschieden beteiligt werden. Nur die ausschließliche Beteiligung eines Gesellschafters am Verlust (societas leonina) raubte der Vereinbarung den Charakter der societas. Überhaupt durfte der Zweck der Gesellschaft nicht unerlaubt sein: rerum inhonestarum nullam esse societatem.

Der Gesellschaftsvertrag schuf kein neues Rechtssubjekt, keine juristische Person. Das Gesellschaftsvermögen war vielmehr Vermögen der einzelnen Gesellschafter. Es wurde von den einzelnen Gesellschaftern nach den allgemeinen Erwerbsregeln (Eigentum durch Manzipation, Tradition usw.) erworben. Das galt ebenso für die „beschränkte" wie für die „allgemeine" Gesellschaft. Auch die societas omnium bonorum verlangte im klassischen Rechte wahrscheinlich Manzipation oder Tradition der einzelnen Vermögensstücke. Die dadurch von Haus aus bewirkte feste Verteilung des Gesellschaftsvermögens erklärt es zugleich, daß auch diese Gesellschaftsform keine Gesamt(Solidar)haftung der Gesellschafter begründete, sondern jeden nur für seinen Anteil haften ließ. Dieses „Bewußtsein der Getrenntheit der Vermögensmassen" wurde in Rom überdies durch die Eigenart der Zwangsvollstreckung lebendig erhalten, die, nur als Personal- oder Universalexekution möglich, grundsätzlich „Auflösung der Gesellschaft und Abschichtung" zur Folge hatte.

Jeder Gesellschafter war den übrigen gegenüber gehalten, die Angelegenheiten der Gesellschaft in der vereinbarten Weise zu besorgen. Dem Außenstehenden gegenüber, mit dem er Geschäfte für die Gesellschaft schloß, erschien nach den auch sonst herrschenden Grundsätzen der (indirekten) Stellvertretung nur er als Berechtigter oder Verpflichteter. Die Gesellschaft war m. a. W. ausschließlich eine interne Angelegenheit der Gesellschafter. Sache jedes einzelnen Gesellschafters war es, den übrigen Gesellschaftern gegenüber seine Ansprüche aus dem Vertrag (auf Eigentumsübertragung, Ausfolgung seines Gewinnanteils, Ersatz der Auslagen und des Verlustes usw.) durch die actio pro socio geltend zu machen.

Die Gesellschaft erlosch ex personis, ex rebus, ex voluntate, ex actione. Ex personis durch den Tod jedes Gesellschafters, sofern nicht ausdrücklich Fortsetzung unter den Überlebenden vereinbart war. Dem Tode gleich standen capitis deminutio und venditio oder cessio bonorum, jeder vollständige Vermögensverlust. Der socius konnte seine Erben nicht verpflichten, die Gesellschaft fortzusetzen. Der Erbe übernahm nur notwendig die Forderungen und Schulden des Erblassers gegenüber der Gesellschaft und haftete (mit actio in factum) für die ordentliche Beendigung der vom Erblasser begonnenen Geschäfte. Ex rebus endete die Gesellschaft durch Erreichung oder Vereitelung ihres Zweckes. Ex voluntate durch freiwillige Auflösung, durch Zeitablauf oder durch einseitige Aufkündigung jedes Gesellschafters, die nur nicht zur Unzeit oder aus Arglist geschehen durfte: socium a se, non se a socio liberat. Ex actione durch Anstellung der Klage auf Auflösung, der actio pro socio auf Leistung dessen, was der einzelne socius schuldete, der actio communi dividundo auf Auseinandersetzung.

Auftrag (mandatum) war die Übernahme der unentgeltlichen Besorgung fremder Aufträge. Als Rechtsgeschäft kann das Mandat erst nach der lex Aquilia klagbar geworden sein. Cicero setzt die Klagbarkeit bereits voraus. Immerhin erscheint sie damit erst in spät republikanische Zeit hinaufgerückt. Das soll nicht etwa heißen, daß Name und Begriff des Mandates dem römischen Verkehrs- und Wirtschaftsleben bis dahin fremd gewesen seien. Das Gegenteil ist sicher. Schon Plautus erwähnt wiederholt die res mandata. Nur als Rechtsfigur war es damals noch durch andere Rechtsformen (procurator, fiducia, Deliktshaftung) ersetzt.

Als selbständiger Rechtsanspruch ist die actio mandati wie die actio tutelae vermutlich durch Abspaltung von der negotiorum gestio entstanden. Man hat zwar zum Teile gerade das umgekehrte Altersverhältnis annehmen, die actiones negotiorum gestorum für „zweifellos jünger“ erklären wollen. Allein dieser Ansicht fehlen nicht bloß die sicheren Quellenzeugnisse. Ihr steht vor allem die allgemeine und weite Fassung des Ediktes (si quis negotia alterius... gesserit) entgegen, deren sich der Prätor niemals hätte bedienen können und dürfen, wenn zur Zeit seiner Proponierung die besonderen Klagen für Mandat und Tutel bereits bekannt gewesen wären.

Eine andere Frage ist es, ob deshalb das Edikt von Haus aus jede Besorgung fremder Geschäfte traf. Wahrscheinlich ist es nicht. Wie sonst ging der Prätor vermutlich auch hier von einem konkreten Bedürfnis aus. Dieses bot sich anscheinend in der gerichtlichen Vertretung des indefensus dar. Zu diesem Zwecke stellte der Prätor das Edikt wohl in der Zeit unmittelbar nach der lex Aebutia auf. Zu dieser Vermutung stimmt die auch noch später vielfach festgehaltene Bedeutung von negotium als „gerichtliches Geschäft". Mit der Ausdehnung des Begriffs auch auf das außergerichtliche Geschäft erweiterte sich vermutlich auch der der negotiorum gestio. Ihr Tatbestand war seitdem die wissentliche — das wollte wohl das negotium alterius bedeuten — Besorgung fremder Angelegenheiten. Dagegen kam es mangels jeder Unterscheidung des Ediktes anscheinend niemals darauf an, ob diese Besorgung mit oder ohne Auftrag übernommen war. Darum konnte die negotiorum gestio auch nach der Ausbildung besonderer Klagen für bestimmte Fälle überall dort subsidiär zur Anwendung kommen, wo deren Tatbestand versagte. Wohl aber begründete erst die Besorgung (si ... gesserit), nicht schon die Übernahme des Geschäfts das iudicium. Die negotiorum gestio war Realobligation. Das war der Punkt, wo die Entwicklung der besonderen Mandatsklage einsetzte. Wo ein Auftrag erfolgt und angenommen war, da verlangten Treu und Glauben, daß er ausgeführt werde. Der Auftraggeber mußte die Möglichkeit erhalten, den Beauftragten zum Gehorsame zu zwingen. Diesem Zweck diente die besondere Mandatsklage, die allerdings nicht früher als für die der Ciceronianischen Zeit unmittelbar vorangehende Periode, etwa für die Mitte des siebenten Jahrhunderts der Stadt angenommen werden kann.

Die negotiorum gestio war vermutlich das Mutterinstitut, aus dem auch das Mandat hervorging. Sie war prätorischen Ursprungs, die Klage (actio negotiorum gestorum) wohl ehedem in factum konzipiert, sowohl als actio directa wie als actio contraria, nur daß die beiden Klagen wahrscheinlich nicht gleichzeitig, sondern die directa vor der contraria gewährt wurde. Im Laufe der Zeit wurde das Institut jedoch ins Zivilrecht rezipiert, trat an Stelle der actio in factum eine in ius konzipierte actio bonae fidei. Ähnlich ließe sich auch die Abspaltung der actio mandati von der negotiorum gestio verstehen. Doch vollzog sich diese eher durch das Juristenrecht derart, daß die Aufstellung besonderer Formeln für sie und ihre Übernahme ins Zivilrecht gleichzeitig geschahen.

Gegenstand des Auftrags konnte jede erlaubte, tatsächliche oder rechtliche Leistung sein, ebenso beispielsweise die Reinigung von Kleidern wie der Kauf eines Hauses u. a. m. Nur mußte die Leistung ein Interesse für den Auftraggeber haben (mandatum mea tantum, mea et tua, mea et aliena, nicht tua tantum, tua et aliena, aliena tantum gratia, darum auch nicht post mortem mandantis). Sonst lag nur ein unverbindlicher, allenfalls wegen Arglist Haftung begründender Rat vor. Der Auftrag im Interesse eines Dritten galt stets dann als zugleich auch in dem des Auftraggebers erteilt, wenn der Auftraggeber als Geschäftsführer des Dritten erschien. In diesem Sinne begründete das mandatum pecuniae credendae (sogenannter Kreditauftrag, mandatum qualificatum) eine actio mandati (contraria) auf Schadloshaltung, wodurch dieses Geschäft den Charakter der Bürgschaft erhielt.

Der Auftrag mußte unentgeltlich übernommen werden: mandatum nisi gratuitum nullum est. Handelte es sich aber um Leistungen, die nach römischer Vorstellung, auch gegen Entgelt vorgenommen, nicht den Gegenstand einer locatio conductio bilden konnten (artes, operae liberales), so betrachtete man das Verhältnis zwar als Mandat, gestattete aber schon in der ersten Kaiserzeit die Einklagung des Honorars (honos, honorarium, salarium) in der extraordinaria cognitio.

Der Auftraggeber (mandans, mandator) machte seinen Anspruch auf Ausführung des Auftrags, auf Schadenersatz wegen Nicht- oder nicht gehöriger Erfüllung nach Treu und Glauben, auf Rechnungslegung und auf Herausgabe alles dessen, was der Beauftragte für ihn empfangen hatte, auf Abtretung der ihm gegen Dritte aus der Ausführung des Auftrags erwachsenen Ansprüche (actio empti etc.) mit actio mandati directa, der Beauftragte (unklassisch Mandatar genannt) seinen Anspruch auf Ersatz der Auslagen und des Schadens, die ihm aus (nicht bloß bei) der Ausführung des Auftrags erwachsen waren, auf Befreiung von den ihm aus Ausführung des Mandats erwachsenen Verpflichtungen (actio venditi etc.), mit actio mandati contraria geltend.

Diese Ansprüche waren gleich anderen verzichtbar. Ein solcher Verzicht lag in der Bestellung eines procurator in rem suam, in der Bestellung eines Beauftragten mit der Ermächtigung, die Vorteile aus der Ausführung des Auftrags für sich zu behalten. Das war namentlich der Weg, um den Erfolg der dem römischen Recht als solcher fremden Abtretung einer Forderung herbeizuführen. Wollte oder konnte man nicht, weil es dazu der Zustimmung des Schuldners bedurfte, den Gläubigerwechsel durch Novation herbeiführen, ut iubente me tu ab eo (sc. debitore meo) stipuleris, so blieb nur der andere Ausweg, den, dem man die Forderung zuwenden wollte, den Zessionar durch mandatum ad agendum unter Verzicht auf Rechnungslegung zum Prozeßvertreter (cognitor, procurator in rem suam) zu bestellen, der als solcher den Anspruch des Gläubigers, des Zedenten gegen den Schuldner, debitor cessus, selbst geltend und durch Litiskontestation zu dem seinigen machte, bis zu diesem relativ späten Augenblick freilich durch Tod oder Widerruf des Mandanten (Zedenten) in seinen Ansprüchen bedroht war. Dabei blieb das klassische Recht stehen. Die weitere Entwicklung der Zession zu einem selbständigen Rechtsinstitut, auch schon deren Loslösung von der Litiskontestation, indem man bereits der Verständigung (denuntiatio) des Schuldners von der Abtretung die Wirkung beimaß, daß er fürderhin nicht mehr wirksam an den alten Gläubiger zahlen könne, gehören erst der Zeit nach Hadrian, vorher wenigstens nur dem Provinzialrecht an.

Das Mandat erlosch, abgesehen von den allgemeinen Erlöschungsgründen der Schuldverhältnisse, als persönliches Vertrauensverhältnis durch den Tod der einen oder anderen Partei in dem schon für die Sozietät erörterten Sinne, durch Aufkündigung des Beauftragten und durch Widerruf des Auftraggebers, unbeschadet etwaiger Ersatzansprüche für schon erwachsene Auslagen oder wegen Ausübung dieses Rechts zur Unzeit oder aus Arglist.

Dieselben Rechte und Verbindlichkeiten entstanden grundsätzlich aus jeder Geschäftsführung (negotiorum gestio), nur eben erst durch die Besorgung des betreffenden Geschäftes selbst. Darum machte die Rechtswissenschaft den Anspruch des Geschäftsführers, sofern er sich nicht auf die nachträgliche Genehmigung (ratihabitio) des Geschäftsherren (dominus negotii) zu stützen vermochte und nicht gegen dessen Verbot oder in freigebiger Absicht (animo donandi) gehandelt hatte, davon abhängig, daß seine Geschäftsführung nützlich (utiliter gestum) war, nützlich im Augenblicke der Geschäftsführung, also ohne Rücksicht darauf, ob der beabsichtigte Erfolg eingetreten und erhalten geblieben war, und nützlich im Hinblick auf die konkrete Sachlage (subjektiv), nicht im Sinn allgemeiner, abstrakter Grundsätze (objektiv). Nur in einem Falle, wenn jemand für die Bestattung eines Verstorbenen gesorgt hatte, gewährte ihm der Prätor jedenfalls, selbst wenn er gegen den Willen des Erben gehandelt hatte, gegen den, dessen Geschäft dadurch besorgt war, eine Klage, die in bonum et aequum konzipierte actio funeraria. Die actio directa erwuchs dem dominus negotii aus der Geschäftsführung als solcher, mochte sie „echt" oder „unecht", im fremden oder im eigenen Interesse übernommen worden sein. Die actio contraria stand nur dem „echten“ Geschäftsführer zu. Die „unechte“ Geschäftsführung konnte ihm bloß eine condictio (sine causa) verschaffen.

Auch die Anerkennung der Konsensualkontrakte bedeutete noch nicht grundsätzliche Verbindungskraft der formlosen Vereinbarung. Die wachsenden Verkehrsbedürfnisse führten jedoch zu einer steten Vermehrung der formlosen und als solcher zunächst klaglosen Vereinbarungen, der pacta. Das pactum facere, pacisci (pacere = pacem facere) spielte schon im Zwölftafelrechte seine Rolle. Dort glich sich der Übeltäter mit dem Verletzten (wegen membrum ruptum) aus, um der Strafhaftung zu entgehen. Die Erinnerung daran bewahrte noch das klassische Recht, insofern es solchem pactum die Kraft beimaß, die Klage ipso iure auszuschließen. In anderen Fällen scheint der außergerichtliche Vergleich, nach dem Zwölftafelkommentar des Gajus, gegen den Prozeß nur gefeit zu haben, wenn er erst nach der in ius vocatio erfolgt war. Doch auch erst in iudicio geschlossen, hemmte er zu mindest die richterliche Entscheidung und schloß, nachdem der Anspruch durch die Litiskontestation konsumiert war, neuerlichen Rechtsstreit aus. Diesem alten Rechtszustande trug der Prätor in weitestem Maße Rechnung, indem er in der Einleitung seines Ediktes erklärte: pacta conventa ... servabo. Indem er diese Erklärung dem Abschnitt über die in ius vocatio voran stellte und das pactum lediglich wegen dolus malus oder wegen eines Verstoßes gegen das geltende Recht für unwirksam erklärte, räumte er ihm anscheinend den weitesten Spielraum ein, mochte es vor oder nach der Ladung geschlossen sein, einen Verzicht auf den ganzen oder bloß auf einen Teil des Anspruchs, für immer oder nur derzeit bezwecken. Das später zum Unterschied von anderen sogenannte pactum de non petendo war demnach ursprünglich seinem Wortsinne nach das pactum schlechtweg, der Keim, aus dem sich die Geltung der pacta entwickelte.

Aus dieser Quelle stammt vor allem die grundlegende Regel: ex nudo pacto inter cives Romanos actio non nascitur. Nuda pactio obligationem non parit, sed parit exceptionem. Indem man dem pactum allmählich einen anderen Sinn unterschob, in dem nudum pactum den Gegensatz zum Formalakt, zur Stipulation, seit der Anerkennung weiterer Vertragstypen, zum contractus, zum klagbaren zivilen Vertrag, die formlose Vereinbarung schlechtweg erblickte, gelangte man dazu, jedem pactum die Kraft zuzuschreiben, daß es zwar keine selbständige Klage hervorrufe, aber die dem pactum widerstreitende Klage entkräfte.

Sinn und Zweck eines pactum waren jedoch verschieden, je nachdem es zu einem Hauptvertrage hinzutrat (pactum adiectum) oder einen selbständigen Inhalt besaß. Das pactum adiectum konnte als Zusatzklausel des Hauptvertrags (in continenti) gefaßt sein oder erst nachträglich (ex intervallo) hinzukommen. Als Vertragsklausel bildete es, mochte es die Hauptverbindlichkeit (durch Zinsversprechen u. a. m.) steigern (p. ad augendam obligationem) oder (durch Gewährung einer facultas solvendi, einer Surrogatleistung nach Wahl des Schuldners u. a. m.) mildern (p. ad minuendam obligationem), einen Teil des Hauptanspruchs, ebenso beim contractus stricti iuris wie bei einem solchen bonae fidei, war es durch die Vertragsklage gedeckt, bedurfte es nicht erst einer exceptio. Wenigstens sind derartige Unterscheidungen durch den Quellenstand nicht geboten. Nur durfte das pactum adiectum in keinem Falle der Natur des betreffenden negotium widersprechen. Nachträglich (ex intervallo) geschlossen, begründete das pactum ad minuendam obligationem wenigstens eine exceptio, vermochte dagegen das ad augendam obligationem Rechtswirkungen überhaupt nicht zu äußern, da ihm die Klage fehlte und eine Einrede hier nichts auszurichten vermochte.

Die Hauptdomäne der pacta adiecta war der Kauf, der geradezu bestimmte Typen solcher Nebenabreden ausbildete. Durch die lex commissoria (Verfallklausel) behielt sich der Verkäufer das Recht vor, den Vertrag aufzulösen, vom Vertrage zurückzutreten, wenn der Kaufpreis nicht rechtzeitig bezahlt werde. Die in diem addictio (kassatorische Klausel) gewährte ihm dasselbe Recht, falls er innerhalb bestimmter Frist bei einem anderen Käufer bessere Bedingungen fand. Das pactum displicentiae, der Kauf auf Probe, gab dasselbe Recht dem Käufer, wenn ihm die Sache innerhalb bestimmter Frist nicht zusagte. Das pactum de retrovendendo und das de retroemendo behielten, das eine dem Verkäufer, das andere dem Käufer das Recht vor, die Sache unter bestimmten Voraussetzungen zurückzukaufen, zurück zu verkaufen.

In all diesen Fällen war dem Hauptvertrag in Form eines Nebenvertrags eine Bedingung beigefügt, die nach Lage des Falles aufschiebend oder (in der Regel wohl) auflösend gedacht war. Die Zulässigkeit von Bedingungen, zumindest von Suspensivbedingungen, ist für den Formalakt (Sponsion) und für die freien Verträge des Obligationenrechts schon früh bezeugt. Nur für die Sozietät soll die Frage bestritten gewesen sein. Auch die Resolutivbedingung reicht weit zurück und scheint von der bei Versteigerungen geradezu technischen in diem addictio ihren Ausgang genommen zu haben. Wenigstens ist sie in dieser Verwendung auch für den Privatverkehr schon von Plautus bezeugt. Doch war sie vielleicht auf contractus bonae fidei beschränkt. Bei strengen Kontrakten kann sie keinesfalls ipso iure gewirkt haben. Vielleicht vernichtete sie hier überhaupt den Kontrakt. Die übrigen schematischen Kategorien der Bedingung, die die klassische Rechtswissenschaft unterschied, „gehören mehr der Dogmatik als der Geschichte des Rechts an“, zumal es sich hier vielfach lediglich um zufällige Gestaltungen des damaligen Rechtes handelt. So war es keineswegs allgemeiner Grundsatz, daß die condicio in praesens vel in praeteritum collata keine wahre Bedingung sei. Nicht minder war die eigentümliche Behandlung der unmöglichen Bedingung mehr „durch zufälligen Anstoß“ als „durch theoretische Erwägung veranlaßt“.

Was die Wirkung der Bedingung betrifft, so war die der Suspensivbedingung auch nach klassischem Rechte grundsätzlich die, daß das bedingte Rechtsgeschäft pendente condicione keinerlei Rechtsänderung erzeugte, daß aber durch Verfügungen des bedingt Belasteten die Wirkung der erfüllten Bedingung nicht ausgeschlossen oder beeinträchtigt werden konnte, so daß er zwar in der Zwischenzeit über die Sache verfügen durfte, seine Verfügung aber existente condicione ihre Kraft (pro futuro) verlor, also nicht Rückwirkung der Bedingung. Im Fall einer Resolutivbedingung gewährten die Juristen zur Geltendmachung der (obligatorischen) Auflösungswirkung bald die Kontraktsklage, bald actio in factum. Für das pactum displicentiae gewährte das ädilizische Edikt zu diesem Zweck eine besondere formula in factum. Neben dieser obligatorischen anerkennen einzelne Quellenstellen in gewissen Fällen auch eine dingliche Wirkung der Resolutivbedingung, insofern sie das durch das resolutiv bedingte Geschäft übertragene Eigentum ipso iure an den Übertragenden zurückfallen lassen. Die Frage gehört zu den schwierigsten und verwickeltsten Problemen der Quelleninterpretation. Jedenfalls tritt die dingliche Wirkung erst bei Julian auf. Bis ins zweite Jahrhundert der Kaiserzeit galt in allen Fällen der Grundsatz, daß die Resolutivbedingung als Suspensivbedingung zu behandeln, dem Übertragenden bis zum Eintritt der Bedingung das Eigentum vorzubehalten oder daß umgekehrt die Sache dem Erwerber sofort fest überlassen, der Übertragende auf seinen obligatorischen Anspruch beschränkt sei.

Das künftige ungewisse Ereignis, von dessen Eintritt die Wirkung eines Rechtsgeschäfts abhängig gemacht war, konnte auch eine Zeitbestimmung sein (dies incertus an, incertus quando). Dann galt das zuvor Bemerkte. Schon wenn der Zeitpunkt des Eintritts dieses Termins gewiß und nur unbestimmt war, ob er „erlebt“ werden werde (incertus an, certus quando), konnte der Termin auch bloß Befristung, nicht zugleich Ungewißheit beabsichtigen. Das traf vollends dann zu, wenn das „ob" sicher, nur der Zeitpunkt seines Eintritts unbestimmt (dies certus an, incertus quando) war oder gar „ob" und „wann" von vornherein feststanden (dies certus an, certus quando). Solche reine Befristung, die nicht das Dasein der Rechtswirkung, sondern nur deren Geltendmachung berührte, konnte teils als Anfangstermin (dies a quo) den Eintritt einer beabsichtigten Rechtswirkung hinausschieben, teils als Endtermin (dies ad quem) eine eingetretene Rechtswirkung zeitlich begrenzen. Ein Anfangstermin war grundsätzlich zulässig. Eine Ausnahme machten nur die „actus legitimi", die Erbeinsetzung und Obligationen insofern, als obligationes ab herede incipere non posse, wodurch Stipulationen und wohl jedes Verpflichtungsverhältnis ungültig erschien, dessen Leistungspflicht erst nach dem Tode des Erblassers beginnen sollte, vermutlich als Konsequenz des Gedankens, daß der Erbe zwar in alle Verpflichtungen des Erblassers, aber eben nur in solche, nicht auch in erst zu begründende eintrete.

Endtermine waren nach Zivilrecht, also nicht bloß bei Adoption, Eigentumsübertragung, Begründung von Prädialservituten, sondern auch bei obligatorischen Geschäften des strengen Rechts unzulässig. Aber nur, wo sie als Beschränkung eines in bestimmtem Umfange begründeten subjektiven Rechts, nicht wo sie lediglich als Maß des Rechts (z. B. decem aureos annuos quoad vivam dare spondes) erschienen. Doch griff auch in den Fällen der ersten Art der Prätor durch exceptio pacti mildernd ein.

Die formlose Vereinbarung selbständigen Inhalts erschöpfte sich grundsätzlich in der Exzeptionswirkung. Der Prätor sah jedoch von jeher seine Aufgabe darin, dringenden Verkehrsbedürfnissen durch Gewährung geeigneter Klagen Abhilfe zu bieten. Auf diesem Wege gelangte eine Reihe von Rechtsinstituten zuerst zur Geltung, die in der Folge ins Zivilrecht übergingen. Andere blieben allezeit dem prätorischen

Rechtsschutz allein anvertraut. Das waren die sogenannten pacta praetoria. Von den meisten (ius iurandum voluntarium? constitutum debiti, receptum argentarii, receptum nautarum) war schon in anderem Zusammenhange die Rede. Nur von dem receptum arbitrii ist noch zu handeln, von der Vereinbarung, durch die ein (privater) Schiedsmann die Entscheidung eines zwischen zwei Parteien schwebenden Streites auf sich nahm (arbitrium recipiebat). Die Erfüllung dieser Vereinbarung, die Fällung des Schiedsspruchs versprach der Prätor in seinem Edikte zu erzwingen, cum sententiam dicere cogam. Das Zwangsmittel, im Edikt nicht genannt, war keine Strafklage, sondern multa oder pignoris capio. Die Vereinbarung zwischen den Parteien, durch die sie ihren Streit einem Schiedsmanne zu übergeben erklärten, das Kompromiß war rechtsverbindlich nur, wenn es in die Form des Verbalvertrags gekleidet war. Das formlose Kompromiß stattete erst Justinian mit Rechtswirkungen aus.

Das spätere Kaiserrecht erklärte schließlich auch das formlose Dotal- und Schenkungsversprechen für klagbar. Das waren die sogenannten pacta legitima. Das klassische Recht erkannte dem Schenkungsversprechen — von der dos war bereits die Rede — Rechtswirksamkeit allezeit nur zu, wenn es als Formalakt errichtet war. Schenkung (donatio) ist Vermögenszuwendung, gewillkürte Verminderung des eigenen Vermögens (pauperiorem fieri) aus Freigebigkeit (animo donandi) zur Bereicherung, Vermögensvermehrung (locupletiorem fieri) des Empfängers. Darum ist einerseits nicht Schenkung der bloße Verzicht auf eine Erwerbsmöglichkeit (Ausschlagung einer Erbschaft) oder die Bestellung eines Pfandrechtes. Darum kann andererseits Schenkung erfolgen nicht bloß durch Eigentumsübertragung oder durch Begründung eines anderen dinglichen Rechts, sondern auch durch Abtretung einer Forderung, durch Tilgung einer Schuld, durch Begründung eines Schuldverhältnisses (Schenkungsversprechen). Die Schenkung ist m. a. W. kein bestimmter Geschäftstypus, sondern ein Geschäftszweck (causa). Ein und dasselbe Geschäft kann entgeltlich oder unentgeltlich geschlossen werden. Darum war auch die Schenkung nicht an eine bestimmte, sondern nur an die für das jeweilige Geschäft geltende Form (mancipatio, stipulatio etc.) gebunden. Die Hingabe von Hundert konnte z. B. zu Darlehens- oder zu Schenkungszwecken, bald als donatio mortis causa, bald als solche inter vivos geschehen. Nur war die causa donandi als „unwirtschaftlich" vielfach unter ein Sonderrecht gestellt. Dieses Sonderrecht der donatio inter vivos — die mortis causa gehört ins Erbrecht — betraf teils das Maß der Schenkungen, teils die Personen, denen geschenkt werden durfte, teils die Wirkungen der Schenkung.

Das Maß der Schenkungen beschränkte zuerst die lex Cincia, ein Plebiszit, das mit Sicherheit ins Jahr 550 (204) zu setzen ist. Es enthielt eine allgemeine Einschränkung der Schenkungsfreiheit, die jedoch nur in Umrissen überliefert ist. Fest steht, daß diese Beschränkung in gewissen Fällen „wegen Nahverhältnisses der Beteiligten" (personae exceptae) entfiel. Fast sicher ist, daß das Gesetz nicht Schenkungen schlechtweg, sondern nur solche untersagte, die ein bestimmtes, nicht überliefertes Maß überstiegen. Über Schenkungen unter diesem Maße bestimmte es wahrscheinlich gar nichts. Das Gesetz war jedoch lex imperfecta. Die gesetzwidrige Schenkung war nicht nichtig, die Übertretung des Verbotes der Beurteilung des Magistrats überlassen, der in der legis actio durch denegatio actionis, im Formularprozeß durch exceptio (legis Cinciae) Abhilfe gewährte. Die Regel morte Cincia removetur, die dem Erben des Schenkenden diesen Schutz entzog, gehört erst der severischen Zeit an. Fraglich ist, ob die Erfüllung der verbotenen Schenkung (donatio perfecta) eine Rückforderungsklage begründete. Während für die ältere Zeit, da auch das capere verboten war, die Klage wahrscheinlich wäre, scheinen sie die Quellen für das klassische Recht abzulehnen.

Schon die lex Cincia verbot ferner Honorarschenkungen (munera) an Anwälte und gewährte bei Übertretung des Verbots eine Strafklage. Ein zweiter, praktisch noch bedeutsamerer Fall des Verbotes von Schenkungen an bestimmte Personen war das schon erwähnte Verbot der donatio inter virum et uxorem. Die damit verbotene Schenkung war nichtig. Doch traf das Verbot von vornherein nicht die Schenkung von Todes wegen, divortii, exilii causa. Eine oratio Antonini (Caracallae 206) ließ dann jede Schenkung wirksam werden (convalescere), wenn der Schenker starb, ohne seinen Willen geändert zu haben.

Die erlaubte Schenkung unterlag zwar grundsätzlich den allgemeinen Regeln des Rechtsgeschäfts, dessen sie sich im einzelnen Falle bediente. Der Schenkungscharakter äußerte aber auch besondere Wirkungen. Dem Schenkenden stand gegenüber der Erfüllungsklage das beneficium competentiae zu. Vor allem war aber die Schenkung in gewissen Fällen widerruflich. Schon nach klassischem Rechte — später kamen noch andere Fälle hinzu — selbst nach eingetretener Perfektion widerruflich, doch vielleicht von jeher nur durch den Schenkenden selbst, nicht auch durch dessen Erben war die Schenkung des Patrons an den Freigelassenen. Wegen Nichterfüllung der damit übernommenen Verpflichtung „widerruflich" war in gewissem Maß auch die donatio sub modo, die Schenkung unter einer Auflage.

Der moderne Begriff der Auflage, der an eine einseitige Vermögenszuwendung durch den Geber geknüpften Vorschrift eines bestimmten Verhaltens, war den klassischen Quellen zwar der Sache nach bekannt, aber weder einer zusammenfassenden Rechtsregel unterstellt, noch durch einen entsprechenden Ausdruck gedeckt. Modus war in diesem Sinne den klassischen Schriften zwar bekannt, aber nicht geläufig. Lex, causa und condicio sowie die Verbalformen iubere, mandare, rogare u. a. m. konnten ebenfalls diese Bedeutung haben, waren aber nicht technisch. Die Behandlung der Auflage war verschieden bei letztwilligen Zuwendungen und bei solchen unter Lebenden (Freilassumg und Schenkung).

Keine Auflage war die unverbindliche Empfehlung. Wesentlich war nicht so sehr, ob das gewünschte Verhalten lediglich im Interesse des Beschenkten lag, als vielmehr ob der Schenkende ohne den bezeichneten Zweck nicht geschenkt haben würde. Die Bedeutung der Auflage war die, daß die Schenkung immer zurückgefordert werden konnte, wenn ihre Erfüllung schon zur Zeit der Schenkung unmöglich war oder nachträglich durch Zufall unmöglich wurde. Wegen verschuldeter Nichterfüllung der Auflage gewährte das klassische Recht Rückforderung nur, wenn dem Beschenkten aufgetragen war, sich des geschenkten Gegenstandes selbst wieder zu entäußern. Die allgemeine Widerruflichkeit der Schenkung wegen Nichterfüllung der Auflage ist erst justinianisches Recht. Ebensowenig kannte das klassische Recht eine spezifische Klage auf Erfüllung der Auflage. Doch war sie wohl regelmäßig durch besondere Stipulation oder, wenn die Schenkung in Form einer mancipatio fiduciae causa geschehen war, durch actio fiduciae sichergestellt. Eben darum war auch die Rückforderung der Schenkung nur bei zufälliger Unmöglichkeit der Ausführung des modus erforderlich und zuläßig.

Wie die Begründung, so war auch die Lösung von Verpflichtungen zunächst vom Formalismus beherrscht. Wie die Verpflichtung nur durch Manzipation (mit oder ohne fiduziarische Nebenabrede) oder Stipulation begründet wurde, so konnte sie auch nur per aes et libram oder per sollemnia verba rechtswirksam aufgelöst werden. Nicht bloß war der Realakt, die Zahlung der Schuld, ohne die formale Verlautbarung wirkungslos, sondern diese bildete so sehr das Wesen des Vorganges, daß sie auch für sich allein die Rechtswirkung hervorbrachte. Das schon in frührepublikanischer, vielleicht sogar schon vor der Zeit der Münzprägung. Möglicherweise erst nach Überwindung eines Zwischenstadiums, in dem die zu zahlende Summe dem Gläubiger dicis gratia (gegen sofortige Rückgabe) übereignet werden mußte. Andererseits konnte auch die formlose Zahlung nicht völlig ignoriert werden. Sie mußte zumindest von jeher zur denegatio actionis, zur Gewährung einer exceptio führen. So ergab sich für das Erlöschen, für die Tilgung der Verbindlichkeiten von selbst die Scheidung in reale und formale, in ipso iure und ope exceptionis wirkende Endigungsgründe. In der verschiedenen Natur der Schuldverhältnisse begründet ist endlich die Scheidung in gewillkürte (Zahlung u. a. m.) und unwillkürliche (Tod u. a. m.) Erlöschungsgründe.

Naturgemäß und regelmäßig erlosch das Schuldverhältnis durch Leistung dessen, was geschuldet war, durch praestatio vera rei debitae, durch solutio, durch Erfüllung. Ursprünglich ein Formalakt, solutio per aes et libram in Gestalt des Manzipationsaktes oder acceptilatio bald verbis, bald literis, ohne daß die wahrscheinlich klassische Regel prout quidque contractum est, ita et solvi debet, von jeher mit aller Strenge gegolten hätte, zumal es vermutlich eine Zeit gab, wo die solutio per aes et libram allein herrschte, wirkte sie, erst wohl nur ope exceptionis, schließlich aber ipso iure an sich schuldtilgend. Als Entäußerungsakt setzte sie Verfügungs-(Geschäfts-)fähigkeit und Verfügungsmacht (Eigentum usw.) des Erfüllenden voraus. Doch konnte, sofern es sich nicht um eine höchstpersönliche Leistung handelte, jeder Dritte an Stelle des Schuldners leisten. Andererseits konnte nur an den Gläubiger oder an dessen Machthaber geleistet werden und selbst an den Gläubiger bloß, wenn er die erforderliche Geschäftsfähigkeit besaß.

Wesentlich war die Leistung dessen, was geschuldet war.

Der Gegenstand des Schuldverhältnisses bestimmte auch den der Erfüllung. Dieser Gegenstand mußte erlaubt sein: Omnia quae contra bonos mores vel in pacto vel in stipulatione deducuntur nullius momenti sunt, sagt zwar erst eine Konstitution Diokletians, ist aber altes Recht. Die Leistung mußte auch möglich sein. Die viel berufene Regel impossibilium nulla obligatio est hat freilich kaum jemals in dieser Allgemeinheit gegolten. Das republikanische Recht beschränkte sich darauf, die Stipulation als nichtig anzusehen, wenn die ihren Gegenstand bildende körperliche Sache nicht (in rerum natura) existierte. Was damit für die Stipulation auf dare ausgesprochen war, fand dann analog auch bei der auf facere Anwendung und dem in rerum natura non esse aut esse non posse (servus mortuus, hippocentaurus) wurde schließlich auch der Fall gleichgestellt, daß die Sache rechtlich nicht den Gegenstand einer Verpflichtung bilden konnte (quas res ... gentium ius vel mores civitatis commercio exuerunt). Doch machte schon im Rahmen des ius strictum den Schuldner dolus verantwortlich, während die negotia bonae fidei diese Unmöglichkeit anscheinend von jeher ignorierten, den Schuldner vielleicht sogar ohne Rücksicht auf ein Verschulden, gewissermaßen weil er wissen mußte, wozu er sich verpflichtete (heute sogenannte culpa in contrahendo), haftbar machten.

Trat die Unmöglichkeit nach Perfektion des Schuldverhältnisses ein (Untergang oder Verschlechterung des Schuldgegenstandes), so kam es anscheinend von jeher — veteres constituerunt — darauf an, ob das dem Schuldner angerechnet werden konnte oder nicht. Im ersten Falle war er dafür verantwortlich (perpetuari obligationem). Im zweiten war er zwar von der Verpflichtung zur Leistung befreit, aber nicht von seiner Verpflichtung überhaupt. Er mußte das sogenannte stellvertretende commodum, das ihm etwa an Stelle der erloschenen Leistung zuteil geworden war (die actio legis

Aquiliae gegen den schuldigen Dritten u. a. m.), dem Gläubiger abtreten. Angerechnet wurde ihm die Unmöglichkeit regelmäßig wegen Verschuldens oder Verzugs. Vom Verschulden war bereits die Rede.

Verzug (mora) war schuldhafte Verzögerung der Leistung. Unverschuldete Verzögerung machte den Schuldner nicht verantwortlich. Auch die Litiskontestation setzte den Schuldner nicht in Verzug, wenn er den Anspruch des Gläubigers berechtigterweise bezweifeln konnte: qui sine dolo malo ad iudicium provocat, non videtur moram facere. Wegen seines dolus kam der deliktisch Haftende umgekehrt schon durch die unerlaubte Handlung selbst in Verzug: fur semper moram facere videtur. Sonst bildeten die Mahnung des Gläubigers (interpellatio) oder Klagevereitelung durch Abwesenheit oder Defensionsverweigerung des Schuldners das Kriterium der schuldhaften Verzögerung. Die Ausnahme für befristete Forderungen (dies interpellat pro homine) scheint in den Quellen nicht begründet zu sein. Die Wirkung der mora war perpetuatio obligationis. Der Gläubiger konnte, mochte die Leistung auch nach Eintritt der mora ohne Verschulden des Schuldners unmöglich geworden sein, diese selbst und als Ersatz deren höchsten Wert in der kritischen Zeit fordern, ohne daß anscheinend die Verteidigung zulässig war, die Sache wäre auch beim Gläubiger selbst zugrunde gegangen. Die actio bonae fidei, die schon ihrer Natur nach das Interesse an der Leistung zum Gegenstande hat, gestattete überdies, dieses Interesse geltend zu machen, neben der Leistung Früchte und andere Nebensachen, insbesondere für eine Geldschuld (Verzugs-) Zinsen zu begehren. Die Wirkungen der mora erloschen (purgatio, emendatio morae), natürlich nur pro futuro, nicht, soweit sie bereits eingetreten waren, durch wirkliches Angebot der ganzen Leistung.

Lehnte umgekehrt der Gläubiger die rechtzeitig und gehörig

angebotene Leistung schuldhafterweise ab (mora accipiendi), so blieb zwar der Schuldner verhaftet. Er wurde jedoch frei, wenn die Sache nun sine dolo debitoris zugrunde ging. Als dolus debitoris galt es nicht einmal, wenn er die Sache zugrunde gehen ließ, weil ihm ihre weitere Verwahrung Schaden verursacht hätte. Auch hier trat purgatio morae erst ein, wenn sich der Gläubiger zur Annahme der Leistung und zum Ersatze der dem Schuldner durch seine mora verursachten Kosten bereit fand.

In allen Fällen, in denen Leistung dessen, was geschuldet war, nicht möglich war, der Schuldner aber trotzdem verhaftet blieb, trat an Stelle der Leistung die Verpflichtung zum Schadenersatze. Schadenersatz konnte überdies schon von vornherein aus unerlaubten Handlungen entspringen oder, weil sich jemand vertragsmäßig zum Ersatze des Schadens verpflichtet hatte, der einem anderen aus einem bestimmten Ereignis oder aus gewissen Verhältnissen erwachsen sollte (stipulatio poenae etc.). Schaden ist nicht nur die durch das schädigende Ereignis herbeigeführte Vermögensminderung (damnum emergens), sondern auch der dadurch vereitelte Gewinn (lucrum cessans). Ersetzt werden mußte ehedem vielleicht nur die vera rei aestimatio, der gemeine Wert (quanti ea res est), später regelmäßig das Interesse (id quod interest). Der Schätzung des Schadens wurde im iudicium bonae fidei der Zeitpunkt des Urteils, sonst der der Litiskontestation zugrunde gelegt. In gewissen, nicht sicher zu ermittelnden Fällen (actiones arbitrariae?) geschah sie durch (Würderungs- oder Schätzungs-) Eid des Klägers (ius iurandum in litem), sonst durch den iudex (arbiter).

Ersatzleistung trat nur ein, wenn die geschuldete Leistung nicht möglich war. Das war der Fall, wenn die individuell geschuldete Sache (ganz oder teilweise) zugrunde gegangen war. Genus perire non censetur. Darin lag die Bedeutung der Unterscheidung zwischen Spezies- und Genus-, Stück- und Gattungsschuld. Gattungsschuld war die Verpflichtung zur Leistung einer nur der Art nach bestimmten Sache oder einer Sachmenge. Die Gattungsschuld konnte auch unvertretbare, die Stückschuld auch vertretbare Sachen zum Gegenstande haben.

Der Gattungsschuld verwandt war die Wahlschuld, die Alternativobligation, insofern auch hier die Schuld nicht von vornherein auf eine individuell bestimmte Leistung gerichtet war, sondern mehrere Leistungen in obligatione waren, von denen jedoch nur eine zu leisten, in solutione war. Der Unterschied bestand darin, daß hier jede der mehreren Leistungen individuell bestimmt war. Doch herrschte in dieser Hinsicht Unklarheit. Im Zweifel stand das Wahlrecht dem Schuldner zu. Es konnte aber auch dem Gläubiger vorbehalten sein. Jedenfalls ging es mit dem Schuldverhältnis auf die Erben über. Das Wahlrecht des Schuldners erlosch durch Leistung, das des Gläubigers durch Litiskontestation oder durch Annahme einer Leistung. Hatte der Schuldner das Wahlrecht, so verwandelte sich das Schuldverhältnis schon durch Untergang der übrigen Leistungen in ein einfaches. War der Untergang durch den Gläubiger verschuldet, konnte der Schuldner Ersatz des Schadens begehren, der ihm durch die Nötigung zu der allein möglichen Leistung erwuchs. Die facultas alternativa, statt der möglichen Leistung Ersatz für die unmöglich gewordene zu leisten, ist erst justinianisches Recht. Hatte der Gläubiger die Wahl, so verwandelte der zufällige oder vom Gläubiger verschuldete Untergang der übrigen Leistungen das Schuldverhältnis in ein einfaches auf die noch mögliche Leistung. Überdies traf den Gläubiger für sein Verschulden auch hier die zuvor bezeichnete Ersatzpflicht. Das Verschulden des Schuldners ließ das Wahlrecht des Gläubigers unberührt. Nur trat an Stelle der untergegangenen Leistung das Interesse.

Erfüllung ist Leistung dessen, was geschuldet ist. Der

Schuldner hatte nicht das Recht, etwas anderes an Erfüllungs Statt zu leisten: aliud pro alio invito creditori solvi non potest. Gegen Ende der Republik gestattete jedoch die Rechtswissenschaft solche datio in solutum mit Zustimmung des Gläubigers, die Sabinianer mit ipso iure, die Prokulianer nur mit Wirkung ope exceptionis. Doch drang schließlich der Standpunkt der Sabinianer durch. Zweifelhaft war nur, ob ein Mangel dieser datio in solutum, vor allem Eviktion der Leistung an Zahlungsstatt, dem Gläubiger den alten Anspruch (manet pristina obligatio) oder bloß einen Eviktionsanspruch (actio empti utilis) gewährte.

Der Erfüllungsakt wurde häufig beurkundet. Für die republikanische Zeit sind uns römische Privaturkunden freilich nur dem Namen nach bekannt. Unsere Kenntnis der römischen Privaturkunde beginnt erst mit der Kaiserzeit. Die öffentliche Urkunde privatrechtlichen Inhalts ist gar erst im Anfang des dritten christlichen Jahrhunderts nachweisbar. Im älteren römischen Recht überwog die Zeugnisurkunde, weil fast zu allen Rechtsgeschäften ein außer der Urkunde liegender Hergang (mancipatio, in iure cessio, stipulatio etc.) notwendig war, den sie zwar bestätigen, aber nicht in sich aufnehmen konnte. Von den Geschäften des ius civile konnten sich nur der Literalkontrakt und das schriftliche Testament wenigstens teilweise in der Urkunde verkörpern. Dagegen konnten sich die formlosen Konsensualkontrakte des ius gentium und verschiedene prätorische Rechtsgeschäfte auch in Form von Dispositivurkunden vollziehen. Die römischen Zeugnisurkunden waren ursprünglich wohl immer objektiv, referierend gefaßt. Ihre Beweiskraft lag in der Mitwirkung von Zeugen. Die subjektiv stilisierte Urkunde war erst eine späte Erscheinung des römischen Verkehrs. Die subjektive Dispositivurkunde kannte das Zivilrecht nur als Testament oder expensilatio. In weiterem Umfang kam sie erst durch das ius gentium zur

Geltung. Die subjektive Zeugnisurkunde setzte sich erst gegen Ende der Republik durch. Charakteristisch für diese späte Entwicklung ist es, daß die allgemeinste Bezeichnung der subjektiven Urkunde als Chirographum auf fremden Ursprung hinweist. Einmal eingebürgert verdrängte sie allerdings die ältere (objektive) Urkundenform immer mehr und mehr.

Erlangte einerseits die formlose Erfüllung die Kraft, das Schuldverhältnis aufzuheben, so behielt doch auch der formale Lösungsakt ohne Hinzutritt der realen Leistung diese Kraft. Damit war die Möglichkeit der Aufhebung des Schuldverhältnisses ohne reale Erfüllung, des Schulderlasses durch (imaginaria) solutio per aes et libram oder durch acceptilatio (verbis oder literis) gegeben. Denselben Erfolg erzielte ope exceptionis das pactum de non petendo. Nach Analogie dieser Vorgänge, aus dem Gesichtspunkte des contrarius actus ließ die klassische Rechtswissenschaft auch die Aufhebung eines noch beiderseits unerfüllten (re adhuc integra) Konsensualkontraktes durch contrarius consensus (mutuus dissensus) zu. In gewissem Sinne gehören hierher auch auflösende Bedingung und Endtermin.

Aufhebung des Schuldverhältnisses ohne Erfüllung bedeuteten ferner auch Novation und Litiskontestation. Bloß rechnungsmäßig, nicht durch reale Leistung bewirkte endlich Aufhebung des Schuldverhältnisses die Aufrechnung (compensatio), debiti et crediti inter se contributio, Anrechnung einer Gegenforderung des Schuldners auf die Forderung des Gläubigers. So natürlich und zweckmäßig dieser Vorgang erscheint, so war er doch dem römischen Rechte zunächst fremd. Der Umstand, daß der Forderung des Gläubigers eine solche des Schuldners gegen ihn gegenüberstand, äußerte im republikanischen Rechte vorerst keine Wirkung. Das bewirkte weder Aufhebung der Forderungen, soweit sie einander gegenüberstanden, noch gab es auch nur eine Form des Aufrechnungsvertrages. Die Parteien konnten bloß durch wechselseitigen Erlaß den Erfolg der Aufrechnung herbeiführen. Nur der Bankier (argentarius) scheint von jeher genötigt gewesen zu sein, die intentio seiner Klage gegen einen Klienten auf die Differenz zwischen seiner Forderung und dessen Gegenforderung, auf den Saldo abzustellen (agere cum compensatione), wenn beide Forderungen fällig und gleichartig, auf vertretbare Sachen derselben Art gerichtet waren. Sonst ging er wegen plus petitio seines Anspruchs verlustig. Bei jeder actio bonae fidei hatte ferner der iudex das Recht (nicht die Pflicht), Gegenansprüche, die dem Schuldner aus demselben Geschäft (ex pari causa) zustanden, mochten sie auch dem Gegenstande nach ungleichartig sein, in Ansatz zu bringen und dem Kläger nur die Differenz zuzusprechen. Endlich machte es der Prätor dem bonorum emptor zur Pflicht, bei seinen Klagen gegen Schuldner des Kridars deren Gegenforderungen in Anrechnung zu bringen (agere cum deductione), mochten sie gleichartig und fällig sein oder nicht. Unterließ er das, verlor er zwar nicht den Prozeß, da diese deductio nur einen Zusatz zur condemnatio bildete. Aber er entging ihr nicht. Denn mochte der bonorum emptor auch ein certum begehren, so lautete die condemnatio doch stets auf ein incertum. Diese deductio aber war geboten, um den Schuldner vor der Gefahr zu bewahren, daß er seine Schuld ganz abführen, für seine Gegenforderung aber nur eine (Konkurs) Quote erhalten sollte. Dabei blieb das klassische Recht stehen. Die weitere, übrigens nicht ganz klare Entwicklung durch Gewährung einer exceptio doli setzt erst mit Mark Aurel ein. Vielleicht ebnete ihr der Prätor schon früher die Wege, indem er nach Ermessen dem Beklagten, der in iure eine dem Gegenstande nach gleichartige Gegenforderung auswies, gegenüber der actio stricti iuris eine exceptio in factum gewährte, deren Erfolg wohl vollständige Abweisung des Klägers war.

Wirkten die bisher erörterten Umstände durch den Willen der Parteien, so trat die Aufhebung des Schuldverhältnisses in anderen Fällen unabhängig vom Parteiwillen ein. Der Tod der einen oder anderen Partei ließ Forderung und Schuld regelmäßig auf die Erben übergehen. Einzelne Schuldverhältnisse waren jedoch, ihrer „höchst persönlichen" Natur entsprechend, unvererblich. Das galt, wenn auch nicht von jeher, einmal für alle Deliktsforderungen, in klassischer Zeit nur für die heute sogenannten actiones vindictam spirantes (actio iniuriarum), für den Anspruch des adstipulator, für die actio rei uxoriae der Frau, für Deliktsschulden, für die Haftung des sponsor und fidepromissor. Die Litiskontestation machte jedoch auch alle diese Ansprüche vererblich.

Der bürgerliche Tod, die capitis deminutio ließ nach Zivilrecht alle Schulden untergehen. Von den Einschränkungen dieses Grundsatzes durch den Prätor war bereits die Rede.

Die confusio, die Vereinigung der Eigenschaft des Gläubigers und Schuldners in einer Person durch Rechtsnachfolge (Erbschaft, Zession u. a. m.) bewirkte ebenfalls naturgemäß den Untergang des Schuldverhältnisses. Insofern dieses Ereignis aber Erfüllung nicht herbeiführte, sondern verhinderte, ließ es die durch die Vereinigung nicht betroffenen Wirkungen des Schuldverhältnisses unberührt. Es befreite die übrigen Schuldner nicht, wenn es zwischen dem Gläubiger und einem Mitschuldner eingetreten war. Die durch Erbschaftserwerb konfundierte Forderung lebte wieder auf, wenn der Erwerb hinfällig wurde.

Kraft eines seiner Entstehung, seinem inneren Grund und seiner Tragweite nach zweifelhaften Satzes erlosch der unentgeltliche (Schenkungs-) Anspruch auf eine species, wenn der Gläubiger dieselbe Sache aus einem anderen Titel (Legat) unentgeltlich erlangt hatte (concursus duarum causarum lucrativarum).

In gewissen Fällen endlich erlosch der Anspruch strafweise, z. B. wenn sich der Gläubiger eigenmächtig befriedigte u. a. m.

Die Ansprüche des honorarischen Rechts erloschen regelmäßig durch Verabsäumung ihrer Geltendmachung innerhalb eines Jahres (annus utilis). Erst das nachklassische Recht machte daraus das allgemeine Institut der Anspruchsverjährung.

Viertes Kapitel: Die Erbschaft.

So fremdartig dem römischen Rechte die Sondernachfolge in Forderungen und Schulden war und blieb, so lebendig war in ihm von jeher der Gedanke der Gesamtnachfolge, der Universalsukzession. Diese Universalsukzession war, mag auch in der Zeit, wo alle Schuld Deliktsschuld war, bloß persönliche, unvererbliche Haftung die Regel gebildet haben, für unsere Kenntnis der Dinge stets nicht bloß Nachfolge in das Gut, in den Inbegriff der aktiven Vermögensstücke, sondern auch unbeschränkte Sukzession in die Verbindlichkeiten, in die vermögensrechtliche Persönlichkeit überhaupt. Die Wurzel dieser Auffassung war „die transzendente Vorstellung der Unsterblichkeit des Individuums in seinem Samen". Darum versagte sie einerseits dort, wo diese Vorstellung fehlte, bei der conventio in manum und bei der arrogatio, die die Frau und den Arrogierten zwar mit all ihren Vermögensrechten dem Gewalterwerber unterwarfen, diesen aber trotzdem nicht zum Schuldner ihrer Schulden machten, die daher nur einen Gesamterwerb, aber keine Universalsukzession im Sinn einer (aktiven und passiven) Gesamtnachfolge begründeten. Darum fielen andererseits Universalsukzession und Abstammung ursprünglich zusammen, war das Erbrecht von Haus aus kraft Rechtens eintretende Kindererbfolge.

Nicht bloß griff aber schon das älteste gesetzliche Erbrecht über den Kreis der Hausgenossen hinaus auf die Sippe, auf Agnaten und Gentilen über. Die anscheinend von alters her vorherrschende Idee des Alleineigentums, der nur mehr dürftige Spuren eines ehemaligen Familieneigentums anhafteten, gewährte auch dem einzelnen schon sehr früh das Recht, über sein Vermögen von Todes wegen anderweitig zu verfügen. In beiden Fällen wurde das Vermögen durch den Wegfall seines bisherigen Subjektes zunächst herrenlos, hereditas iacens. Darum war die Aneignung von Erbschaftssachen kein Diebstahl. Andererseits duldete es der Gedanke der Universalsukzession nicht, daß die Rechte und Pflichten des Verstorbenen durch seinen Tod erlöschen. Die späteren römischen Juristen halfen sich damit, daß sie die Erbschaft für ein der Mehrung und Minderung fähiges Rechtsgebilde, für ein nomen iuris, zur juristischen Person erklärten. Das klassische Recht hielt jedoch an der Herrenlosigkeit der Erbschaft fest und suchte nur durch Billigkeitserwägungen die daraus entspringenden Schwierigkeiten zu beseitigen.

Die Mehrung der Erbschaft durch Früchte war nichts besonderes. Sie war wie die einer Einzelsache durch Ansprüche begründet, die sich mit dem auf die Hauptsache verbanden. Der Erbe nahm die Sachen so in Besitz, wie sie in der Zwischenzeit ohne Schuld eines Dritten geworden waren. Die Interdikte standen jedem Interessenten, daher auch dem Erben im Hinblick auf die hereditas iacens zu. Dasselbe galt von der actio furti: Sie war nur versagt, solange die Möglichkeit der usucapio pro herede Diebstahl an der hereditas iacens rechtlich ausschloß. Hier schuf die Umgestaltung der Erbschaftsersitzung Wandel.

Die usucapio pro herede sollte ursprünglich verhüten, daß die Familiensakra zu lange verwaist bleiben; sie sollte das herrenlose Gut wieder zum zensuspflichtigen Vermögen eines Bürgers machen, den Gläubigern des Erblassers wieder einen

Schuldner verschaffen, den Erben zum Erbschaftserwerbe drängen. Darum bewirkte sie, unabhängig von iusta causa und bona fides, innerhalb eines Jahres nicht bloß Ersitzung einzelner Erbschaftssachen, sondern des Erbrechtes selbst. Dieses Bedürfnis entfiel, seitdem der Erwerb des Erben der Form entbunden und an eine bestimmte Frist gebunden war. Seitdem, schon gegen Ende der Republik oder doch zu Beginn der Kaiserzeit, schrumpfte die usucapio pro herede zur (immerhin noch privilegierten) Ersitzung einzelner Erbschaftssachen zusammen, die, weil sie den Erwerber nicht zum Erben, für Nachlaßschulden nicht haftbar machte, lucrativa war. Ebendeshalb mußte sie schließlich als improba erscheinen. Darum gewährte ein Senatsschluß aus der Zeit Hadrians dem Erben das Recht, die ersessenen Erbschaftssachen dem Erwerber wieder abzunehmen. Darum stempelte Mark Aurel diese Ersitzung gar zum crimen expilatae hereditatis. Schon durch den erwähnten Senatsschluß war für die actio furti des Erben Raum geschaffen. Versuche in dieser Richtung waren aber bereits viel früher gemacht worden.

Aus ähnlichen Billigkeitsrücksichten gewährte man dem Erben auch die actio legis Aquiliae und die actio iniuriarum wegen einer dem Sklaven der ruhenden Erbschaft zugefügten Beschädigung oder Kränkung. Endlich verhieß das Edikt ausdrücklich eine Klage gegen den Erben aus einer negotiorum gestio zugunsten der ruhenden Erbschaft. Nur dem Erwerb durch Rechtsgeschäfte der Sklaven einer hereditas iacens war mit Erwägungen der Billigkeit nicht beizukommen. Immerhin nahm noch Labeo auch in diesem Falle die ruhende Erbschaft als das hin, was sie war, als herrenlos und half sich damit, daß er sie so behandelte, wie wenn ein Erbe da wäre, ac si fuisset heres debitoris. Hier setzte die juristische Konstruktion ein, ohne jedoch zu einer einheitlichen Auffassung zu gelangen. Teils sah man die Person des Verstorbenen als nach-, teils die des Erben als vorwirkend an: ex persona defuncti vires sustinet . . ., . . . transit ad heredem, cuius personam interim hereditas sustinet.

Die Idee der Universalsukzession brachte es ferner mit sich, daß der Erbe die Erbschaft als Ganzes erwarb. Das schloß zwar niemals aus, daß mehrere gleichzeitig Erben wurden. Sie sukzedierten aber gemeinsam in die eine Vermögensmasse. Darum konnte zwar der Erblasser von vornherein die mehreren Erben, die er berief, zu bestimmten, gleichen oder ungleichen (Quoten, Bruch-) Teilen berufen. Nur mußte er sie stets gemeinsam auf das Ganze, in universum ius berufen. Die unzertrennliche Einheit der Vermögensmasse hinderte ferner den Erblasser nicht, einzelne Vermögensstücke anderen Personen als dem Erben zuzuwenden. Das Testament sollte ursprünglich vielleicht gerade diese Absicht verwirklichen. Ausgeschlossen war dagegen die Auflösung der Erbschaft in einzelne Massen, die Beschränkung des Erben auf diese oder jene Masse, die Berufung eines Erben durch letzten Willen für die eine Masse, die Überlassung der anderen an den durch die Rechtsordnung berufenen Erben: nemo pro parte testatus, pro parte intestatus decedere potest.

Nur eine Konsequenz dieses Prinzips waren auch die eigentümliche Behandlung der heredis institutio ex re certa und das Anwachsungsrecht (ius adcrescendi). Die Berufung eines Erben zu einem bestimmten Vermögensstück (einem Grundstück, einer Summe Geldes u. a. m.) war ein Widerspruch in sich selbst. Die Verfügung mußte daher unwirksam sein und war es vielleicht einmal ebenso wie die Enterbung ex re certa. Der favor testamenti, die Begünstigung der Testamente, deren Wirkungen sich noch in anderen Richtungen offenbaren werden, ließ jedoch die Rechtswissenschaft auch hier zu einem dem Berufenen vorteilhafteren Auswege kommen. Wie bei der unerlaubten Bedingung betrachtete sie die Einschränkung (ex re certa) als nicht beigesetzt, den Berufenen daher als unbeschränkten Erben (sine parte), mochte der einzige Erbe, mochten alle oder neben anderen ordnungsmäßig Berufenen nur einer ex re certa berufen sein. Anders im Soldatentestament, für dessen Auslegung stets der Wille des Erblassers allein maßgebend war. Hier wurde das Gewicht auf die res certa gelegt, der heres ex re certa daher auf sie beschränkt. Seiner Erbeneigenschaft wurde hier nur insofern Rechnung getragen, als er nach Verhältnis des Wertes der res certa auch für die Erbschaftsschulden haftbar gemacht wurde. Diese Auffassung gewann schließlich, doch anscheinend erst durch Papinian, auch auf die „bürgerliche" heredis institutio ex re certa Einfluß.

Das Anwachsungsrecht war ebenfalls eine notwendige Folge des Grundsatzes, daß auch die mehreren Erben gemeinsam zur ganzen Erbschaft berufen seien und daß die Berufung aller Erben stets nur aus ein und derselben Quelle entspringen könne. Concursu partes fiunt: Jeder ist Universalsukzessor. Durch die Miterben ist er aber auf einen Bruchteil beschränkt. Darum vergrößert sich sein Anteil sofort automatisch durch den Wegfall des oder der Miterben: portio portioni (non personae) adcrescit. Der Betroffene muß sich den Zuwachs gefallen lassen. Er kann ihn nicht ablehnen. Der Zuwachs erfolgt ohne Rücksicht darauf, ob der Erbe jetzt noch zur Berufung oder zum Erwerb der Erbschaft geeignet wäre. Er bürdet darum, weil er nicht die Übernahme des frei gewordenen Erbteils, sondern bloß eine Erweiterung des ursprünglichen Erbteils bedeutet, dem Erwerber nicht die dem Ausgefallenen persönlich zugedachten Lasten (Freilassungen, Vermächtnisse usw.) auf: portio sine onere accrescit.

Schon bei der Intestaterbfolge griff das Anwachsungsrecht nicht notwendig zugunsten aller Miterben Platz. Teilte sich die Erbschaft nach Stämmen (in stirpes) oder Linien (in lineas) und fiel einer der in einer stirps oder linea vereinigten Miterben (z. B. einer von mehreren mit den Geschwistern des Vaters zusammenerbenden Enkeln) weg, so wuchs sein Erbteil nur diesem Stamme, dieser Linie zu. Denselben Erfolg konnte bei testamentarischer Erbfolge die Willkür des Erblassers durch sogenannte coniunctio erreichen, indem er die Erben zu einzelnen Gruppen vereinigte, mehrere Miterben von vornherein auf denselben Bruchteil berief (re tantum oder re et verbis, dagegen nicht bloß verbis coniuncti). Die Bestimmung der Bruchteile geschah regelmäßig nach dem Vorbilde des as und seiner Zwölftel (Unzien): ex asse, ex uncia ($^1/_{12}$), ex semisse ($^1/_2$), ex besse ($^2/_3$), ex dodrante ($^3/_4$) etc. Nach denselben Grundsätzen wurde die Anwachsung beim legatum per vindicationem (und per praeceptionem) behandelt, wenn von den mehreren mit derselben Sache Bedachten (collegatarii) einer wegfiel.

Nicht eigentlich Anwachsung, aber doch aus demselben Grundgedanken entsprungen und mit demselben Erfolg ausgestattet war die automatische Vergrößerung oder Verringerung der einzelnen Erbteile, die dann eintrat, wenn der Erblasser nicht die ganze oder mehr als die ganze Erbschaft unter die Erben aufgeteilt hatte, wenn ein Teil der Erbschaft schon bei seinen Lebzeiten durch Vorversterben eines Erben erledigt worden war und er nicht neuerlich darüber verfügt hatte, sowie in allen anderen, nicht näher zu erörternden Fällen, in deren Folge die Aufteilung der Erbschaft unvollkommen war. Vollkommen durchkreuzt wurden dagegen die Grundsätze des Anwachsungsrechts durch die noch zu berührenden sogenannten Kaduzitätsgesetze.

Erbe wurde, wen die Rechtsordnung oder der Wille des Erblassers dazu berief (deferre). Fremd war und blieb dem römischen Recht allezeit die Berufung durch Erbvertrag, durch Vereinbarung zwischen Erben und Erblasser. Die Berufung (delatio) wurde wirksam frühestens beim Tode des Erblassers (Erbanfall): viventis non datur hereditas, aber regelmäßig auch schon in diesem Zeitpunkt, es wäre denn, daß eine mit der Berufung verbundene Befristung oder Bedingung den Moment künstlich hinausschob. Wie schon die vorherrschende Bezeichnung der Erbfolge von Rechts wegen als solche ab intestato andeutet, scheint die testamentarische frühzeitig die Oberhand gewonnen zu haben. Zweifellos war jedoch die von Rechts wegen die ältere. Ihre älteste gesetzliche Grundlage bildeten die Zwölftafeln. Darum heißt sie auch gesetzliche Erbfolge, hereditas legitima. Sie wurde aber bald und immer mehr durch eine vom Prätor geordnete Erbfolge verdrängt, die man jedoch ihrer Quelle nach nicht als gesetzliche, sondern nur ihrer Funktion nach als solche ab intestato bezeichnen kann.

Das Zwölftafelrecht wurzelte in der agnatischen Familie. Es berief die sui, den proximus agnatus, die gentiles, und zwar nur die einen oder die anderen, nicht auch, wenn der Nächstberufene nicht Erbe werden wollte oder konnte, einen anderen: in legitimis hereditatibus successio non est.

Diesen Beschränkungen und Übelständen trat der Prätor entgegen. Er stellte nicht mit einem Schlag ein neues einheitliches System an Stelle des alten. Er ging schrittweise vor, von dem Bestreben geleitet, ne bona hereditaria vacua sine domino diutius iacerent und ne quis sine successore moriatur. Das erreichte er, indem er das Erbrecht des ius civile teils energischer verwirklichte, teils ergänzte, teils abänderte. Das schließliche Ergebnis war, kurz gesagt, der Sieg der Kognation über die Agnation, der Interessen des Erben über die Willkür des Erblassers.

Wie sonst vermochte der Prätor auch hier diesen Erfolg nicht durch Aufhebung des ius civile zu erreichen, sondern nur auf Umwegen durch Gewährung und Verweigerung von Rechtsmitteln. Er konnte kein neues Erbrecht (hereditas), nicht neue Erben (heredes) schaffen. Er konnte nur Erbschaftsbesitz (bonorum possessio) verschaffen, zum Erbschaftsbesitzer (bonorum possessor) machen. Der Ausgangspunkt seines Eingreifens ist zweifelhaft. Anlaß dazu bot sich zunächst wohl nur, wenn nicht die sui zur Erbschaft berufen waren, die ipso iure die Erbschaft, ein unbestreitbares Erbrecht erwarben. Jeder andere Erbe, schon der proximus agnatus und noch mehr ein heres extraneus mußte die Erbschaft erst erwerben (familiam habeto) und bedurfte dazu obrigkeitlicher Hilfe. Das erinnert lebhaft an den Gegensatz zwischen den ἐγγενεῖς und συγγενεῖς des griechischen Rechts, von denen jene, die Deszendenten des Erblassers, die Erbschaft eigenmächtig in Besitz nehmen konnten, diese, die außerhalb des οἶκος stehenden Verwandten, die gerichtliche Einweisung in den Erbschaftsbesitz nachsuchen mußten, die ihnen nach vorläufiger Untersuchung des Sachverhaltes, unbeschadet des Rechtes eines wirklich erbberechtigten Dritten, seinen besseren Anspruch durch Klage geltend zu machen, gewährt wurde. Dieses griechische Vorbild mag dem Prätor für seine bonorum possessio vorgeschwebt haben: vorläufige Einweisung in den Erbschaftsbesitz auf Grund des glaubhaft gemachten Erbrechtes, doch wohl in erster Linie iuris civilis adiuvandi (confirmandi) causa, zugunsten des kraft Rechtens oder durch ein anscheinend zivilgültiges Testament berufenen Erben, wenn sein Erbrecht vorerst unbestritten war. Wenn es bereits bestritten war, nach Maßgabe der für das vindicias dare im Sakramentsprozeß (in rem) allmählich ausgebildeten Gesichtspunkte zugunsten des wahrscheinlichen Erben. Vermutlich nicht so sehr in der Absicht, eine geeignete Basis für die usucapio pro herede zu schaffen, als vielmehr gerade umgekehrt, um den anscheinend berufenen Erben gegen die Gefahr der Erbschaftsersitzung durch einen Unberufenen zu schützen. Eben darum gewährte sie der Prätor (zugleich oder doch alsbald) auch dem, der berufen gewesen wäre, wenn der Nächstberufene nicht vorhanden wäre, der ihn, auch wenn er die Erbschaft nicht annahm, schon durch seine Existenz nach ius civile ausschloß. Der erblose Nachlaß stand in solchem Falle der usucapio pro herede offen, die sich zwar auch der Nächstberufene, aber ebenso jeder Dritte zunutze machen konnte. Hier griff der Prätor bereits iuris civilis supplendi gratia ein, indem er, gewissermaßen die usucapio des in der Reihe der Intestaterben Stehenden privilegierend, die bonorum possessio zwar einem vom Zivilrecht berufenen Erben, doch unter Umständen gewährte, die das Zivilrecht ignorierte (edictum successorium). Aus ähnlichen Erwägungen sah er sich veranlaßt, die bonorum possessio dem gesetzlichen Erben auch dann zu gewähren, wenn zwar ein Testamentserbe berufen war, dieser es aber unterließ, die bonorum possessio anzusuchen. Schließlich behielt er sich sogar vor, die bonorum possessio auch sine testamento und sine lege, selbst contra tabulas (testamenti) nach freiem Ermessen (causa cognita) iuris civilis corrigendi gratia zu erteilen.

Die Wirkung seiner, erst von Fall zu Fall (bonorum possessio decretalis) gewährten, schließlich grundsätzlich im Edikt (b. p. edictalis) verheißenen bonorum possessio war freilich nicht immer und vor allem von Haus aus nicht in allen Fällen dieselbe. Wo sie der Prätor iuris civilis adiuvandi gratia gewährte, war sie allezeit, weil sie mit dem ius civile in Einklang stand, von Erfolg begleitet, cum re. Iuris civilis supplendi gratia gewährt, war sie nur vorläufige Zuweisung der Erbschaft für den Fall, daß ein Zivilerbe nicht da war oder sein Erbrecht nicht geltend machte. Anderenfalls wurde sie hinfällig, sine re. Die bonorum possessio iuris civilis corrigendi gratia endlich entwickelte ihre einzelnen Erscheinungsformen natürlich nur sehr allmählich, war aber ebenso natürlich in jedem Fall insofern cum re, als sie eben vom Prätor in Widerspruch zum Zivilrechte durchgesetzt wurde. Nur ist auch hier eine schrittweise Entwicklung insofern anzunehmen, als sich der bonorum possessor zunächst mit den prätorischen Rechtswirkungen begnügen mußte, erst allmählich eine der des heres gleichkommende Rechtsstellung erlangte.

Die bonorum possessio mußte angesucht werden. Das Ansuchen (agnitio) war an eine bestimmte Frist gebunden. Sie betrug einen annus utilis für Aszendenten und Deszendenten, für alle übrigen centum dies utiles (quibus scierit poteritque). Der Erbschaftsbesitz verschaffte dem bonorum possessor vorerst weder die Sonderklagen des Erblassers, die auf den bürgerlichen Erben übergingen, noch die Universalklage (hereditatis petitio), die sich auf die Eigenschaft des Klägers als Zivilerbe stützte. Der Prätor gewährte ihm lediglich ein schon Cicero bekanntes interdictum adipiscendae possessionis, das interdictum quorum bonorum, das ihm den Besitz der einzelnen Erbschaftssachen, nicht der Erbschaft als solcher verschaffte. Ein Beweis mehr dafür, daß die bonorum possessio von Haus aus nicht gegen den gesetzlichen Erben gerichtet, sondern zu dessen Gunsten gedacht war. Damit erlangte er die Beklagtenrolle im Erbschaftsstreit und die Möglichkeit der usucapio pro herede. Als Schutz des vermeintlichen Erben richtete sich das Interdikt bloß gegen den, der ihm den Besitz aus Gründen des Erbrechts (pro herede, pro possesssore) vorenthielt (seit Aufhebung der usucapio pro herede auch ohne Rücksicht auf eine inzwischen vollendete Ersitzung und im Anschluß an das S. C. Iuventianum auch gegen den, qui dolo desiit possidere). Darum bedurfte er eines besonderen, erst durch die Kompilatoren auch dem heres zugewendeten Schutzmittels gegen den, der ihm den Besitz gerade mit Berufung auf sein Erbrecht als Vermächtnisnehmer (pro legato) streitig machte. Das war das interdictum quod legatorum.

Um zu siegen, mußte der Interdiktskläger anscheinend nicht bloß die Gewährung der bonorum possessio, sondern überdies beweisen, daß die Voraussetzung, unter der sie ihm zuteil geworden war, in seiner Person begründet sei. Damit konnte er unter Umständen auch gegen den Zivilerben durchdringen. Andererseits schloß der Sieg im Besitzstreit auch hier die nachträgliche Erbrechtsklage (hereditatis petitio) nicht aus.

Seit der zunehmenden Erstarkung der bonorum possessio gegenüber dem zivilen Erbrecht ließ es aber der Prätor nicht bei dem bloßen Besitzschutz bewenden. Er stellte den bonorum possessor dem Erben anscheinend noch in republikanischer Zeit insofern gleich, als er die Sonderklagen des und gegen den Erben auch ihm und gegen ihn (ficto se herede) gewährte, indem er, was für den bonorum possessor, der zugleich Zivilerbe war, selbstverständlich war, für jeden bonorum possessor gelten ließ. Volle Gleichstellung des bonorum possessor mit dem heres bedeutete es schließlich, daß ihm der Prätor, vermutlich in der Zeit Julians, noch vor der Ediktsredaktion, die Universalklage des Erben als hereditatis petitio possessoria einräumte. Sowenig doch wohl an der Echtheit dieser Klage für das klassische Recht zu zweifeln ist, so unsicher ist immerhin, ob eine Formel für sie im Album proponiert und wie sie beschaffen war.

Ihren ersten Anknüpfungspunkt fand die bonorum possessio in der Intestaterbfolge. Die Entwicklung der Dinge läßt sich hier nicht im einzelnen verfolgen. Im großen und ganzen schon zu Labeos Zeit abgeschlossen, war sie in Ciceros Tagen anscheinend noch im Flusse. Während ihm das Edikt über die bonorum possessio der legitimi (heredes) schon als etwas Hergebrachtes galt und auch die der Kognaten zweifellos bereits bekannt war, wenn sie auch vielleicht noch nicht endgültig im Edikt festgelegt war, kannte er die der Ehegatten jedenfalls noch nicht, vielleicht auch noch nicht die charakteristischste Neuerung des prätorischen Rechts, die bonorum possessio der Kinder, die keine sui sind.

Aus dem Eingreifen des Prätors in die gesetzliche Erbfolge ergab sich schließlich, etwa seit Labeos Tagen, eine völlige Neuordnung der Erbklassen. An Stelle der sui traten die liberi, an sie schlossen die legitimi, darauf folgten die cognati, endlich erbten vir et uxor. Die Bezeichnung der einzelnen Klassen mit unde (liberi, legitimi etc.) gehörte nicht dem Edikte, sondern nur der Jurisprudenz an: ex illa parte edicti, unde legitimi vocantur etc.

In der Klasse der liberi berief der Prätor nicht bloß die (wirklichen) sui, sondern auch die, die es durch Geburt (nicht auch durch Adoption oder manus) wären, wenn sie nicht eine capitis deminutio minima erlitten hätten, die sogenannten fingierten sui, sofern sie nicht (infolge Adoption oder manus) einer neuen Familie angehörten, vor allem also die Emanzipierten. Die Berufenen erbten wie die sui in stirpes.

In der Klasse der legitimi berief er die gesetzlichen Erben, die sui, den proximus agnatus, die gentiles. Von dem Erbrechte der gens sagt jedoch schon Gajus, daß es außer Übung gekommen sei. Ein letztes (indirektes) Zeugnis dafür besitzen wir in der sogenannten laudatio Turiae aus dem Anfange des ersten christlichen Jahrhunderts.

Aus dem Titel der Kognation wurden die Blutsverwandten, doch nur bis zum sechsten Grade, vom siebenten Grade nur die Kinder der Kinder von Geschwisterkindern (sobrino et sobrina nati) berufen, wobei der nähere den entfernteren Verwandten ausschloß, gleich nahe nach Köpfen (in capita) erbten.

Schließlich in Ermangelung von Verwandten war der überlebende Ehegatte berufen.

Eingehend und besonders geregelt wurde ferner die bonorum possessio nach Freigelassenen, insofern hier der Patron mit seiner Nachkommen- und Verwandtschaft ausgedehnte Berücksichtigung fand.

Eigentümlich war der prätorischen bonorum possessio die wiederholte Berufung derselben Personen in verschiedenen Klassen, der sui in der ersten, zweiten und dritten, anderer liberi in der ersten und dritten Klasse usw., was ihnen Gelegenheit gab, die erst abgelehnte Erbschaft schließlich doch anzunehmen. Charakteristisch war ferner die successio ordinum et graduum, die Berufung der nächsten Klasse, der dem Grade nach Entfernteren derselben Klasse, wenn die erst berufene Klasse, der dem Grade nach Nähere derselben Klasse nicht Erbe werden wollte oder konnte. Entscheidend aber war vor allem die Berufung gewisser Personen, die nach bürgerlichem Recht überhaupt nicht berufen waren, und zwar zum Teile nicht bloß in Ermangelung bürgerlicher Erben, sondern sogar zu deren Nachteil. Das gilt namentlich von der ersten Klasse „unde liberi".

Nach Zwölftafelrecht erbten die in der Gewalt des Großvaters verbliebenen Kinder des emancipatus an dessen Stelle (in stirpem) nach ihrem Großvater. Als eines der liberi erbte nun der Emanzipierte mit seinen Geschwistern und schloß dadurch seine eigenen Kinder von der Erbfolge nach ihrem Großvater aus. Hier glich Salvius Julianus den Gegensatz zwischen altem und neuem Rechte durch eine Bestimmung (nova clausula de coniungendis cum emancipato liberis eius) aus, die für diesen Fall Halbierung des auf ihren Stamm entfallenden Erbteils zwischen dem Emanzipierten und seinen Kindern verfügte.

Der Emanzipierte verkürzte durch sein Erbrecht ferner seine Geschwister. Durch seine Existenz natürlich nicht mehr als ein suus den anderen. Dagegen gibt es keinen Rechtsschutz. Wohl aber dadurch, daß er, was er schon bei Lebzeiten des gemeinsamen Gewalthabers erworben hatte, für sich behielt, während die sui solchen Erwerb, weil er in das Vermögen des Gewalthabers gefallen war, nun als zur Erbschaft gehörig mit ihm teilen mußten. Darum verpflichtete der Prätor die Emanzipierten zugleich mit der Gewährung der bonorum possessio zur Kollation (collatio bonorum). Diese Kollation war schon Cassius bekannt. Sie geschah zunächst in Form eines durch Bürgen sichergestellten Versprechens der Emanzipierten, quidquid moriente patre in bonis habuerint dolove malo fecerint quo minus haberent, boni viri arbitratu collaturos esse (collatio cautione), doch anscheinend noch in klassischer Zeit auch derart, daß der Kollationspflichtige um so viel weniger von der Erbschaft erhielt, als er hätte einschießen sollen, oder daß er die einzelnen Vermögensstücke in Natur oder dem Werte nach einschoß (collatio re).

Die Kollation sollte die Ungleichheit zwischen dem emancipatus und dem suus ausgleichen. Darum konferierte der Emanzipierte nicht der Erbschaft, sondern den sui. Er erhielt denselben Teil von seinem Vermögen wie die sui. Er konferierte nur den sui, nicht anderen Emanzipierten, darum überhaupt nicht, wenn er nicht als emancipatus neben sui, sondern etwa als Kognat oder kraft Testamentes erbte: ei confertur, cui aufertur. Darum schließlich auch nicht solches Vermögen, das auch der suus haben konnte (peculium castrense). Verweigerte er dagegen die gebotene Kollation, so ging er (wohl nicht kraft ediktaler Bestimmung, aber nach der Praxis) seiner Erbansprüche zugunsten der sui verlustig.

Ähnlichen Erwägungen entsprang die ebenfalls durch das prätorische Edikt verfügte collatio dotis, zu der die in der patria potestas verbliebene, also ohne manus vermählte Tochter beim Tode des Vaters den Geschwistern (sui) verpflichtet wurde, weil der Dotalanspruch nach Auflösung der Ehe einen der Erbschaft nach dem Vater entzogenen, selbständigen Anspruch der Tochter bildete, sie in dieser Hinsicht ebenso günstig stellte wie den emancipatus seine Erwerbsfähigkeit. Zu konferieren war darum nicht die dos, sondern was die Frau vom Manne zu fordern berechtigt war (quantum maritus facere potest). Im übrigen galten hier dieselben Regeln wie bei der collatio emancipati. Auf eine neue Grundlage wurde die collatio dotis erst durch Gordian (239) gestellt, der damit die von wesentlich anderen Gesichtspunkten beherrschte „jüngere Kollation" anbahnte. Dagegen legte sie schon Antoninus Pius nicht bloß der prätorischen, sondern auch der Zivilerbin auf.

Die vom Prätor begonnene Umwandlung des Agnaten- in ein Kognatenerbrecht vollendeten Hadrian und Mark Aurel. Das unter Hadrian erflossene S. C. Tertullianum berief die Mutter, die bisher als bloße Kognatin nach ihren Kindern nur ein prätorisches Erbrecht in Ermangelung von legitimi genoß, wenn sie das ius liberorum hatte, unmittelbar nach den liberi (nach dem manumissor und dem frater consanguineus) in Konkurrenz mit der soror consanguinea vor den übrigen Agnaten. Das S. C. Orfitianum (178) berief umgekehrt die Kinder vor allen Agnaten zur Erbfolge nach der Mutter. Dieses Erbrecht war ein bürgerliches (hereditas), das damit zuerst der Kognation Rechnung trug, noch dazu ohne Unterscheidung zwischen ehelicher und unehelicher Verwandtschaft.

Der Prätor wandte seine Aufmerksamkeit auch dem Testamente zu. Das testamentum calatis comitiis war anscheinend schon im siebenten Jahrhundert der Stadt (vor 605 a. u. c.) außer Übung gekommen. Das testamentum in procinctu scheint es zwar überdauert, aber doch auch das Ende der Republik nicht überlebt zu haben. Die weitere Entwicklung des Testamentes knüpfte an das testamentum per aes et libram an. Ihre nächste Aufgabe bestand darin, das Manzipationstestament aus einer bloßen Vermächtnisverfügung, die es anscheinend bisher allein gewesen, in ein wirkliches Erbentestament umzuwandeln. Diese Umwandlung war vermutlich ein Werk der interpretatio, die, was die Zwölftafeln für das Komitialtestament bestimmt hatten, dem Manzipationstestament zunutze machte. Sie äußerte sich zunächst in einer durchgreifenden Änderung der Funktion des familiae emptor. War er ehedem heredis loco, so wurde er nunmehr als Statist verwendet, dicis gratia propter veteris iuris imitationem. Nicht um seiner selbst willen, aber auch nicht bloß zum Scheine, sondern um des Brauches, der Gewohnheit willen, zur Erzielung eines anderen Erfolges. Wie er wurden nach wie vor der Libripens und die fünf Manzipationszeugen zugezogen und die imaginäre Manzipation mit der bisher üblichen Formel des familiae emptor vorgenommen. Das Schwergewicht war jedoch jetzt in die nuncupatio des Manzipanten, des Erblassers verlegt, der in deren Rahmen entweder mündlich seinen letzten Willen kundtat, Erben berief, Vermächtnisse anordnete usw., oder — nur diese Form erwähnt Gajus — eine auf Wachstafeln in Buchform geschriebene Urkunde (tabulae, codex testamenti) als seinen letzten Willen bezeichnete: haec ita ut in his tabulis cerisque scripta sunt, ita do ita lego ita testor itaque vos

Quirites testimonium mihi perhibetote. Siegel (obsignatio) und Unterschrift (subscriptio) der Zeugen zu der ihnen dem Inhalte nach nicht notwendig bekannten Urkunde vollendeten (kraft einer lex Cornelia de captivis?) den Akt.

Diese Form hatte das Manzipationstestament anscheinend schon zu Ciceros Zeit angenommen. Hier knüpfte der Prätor an, indem er, das formale, lediglich historisch begründete Beiwerk der Manzipation ignorierend, schon in der Zeit vor der Prätur des Verres (680 a. u. c.) die bonorum possessio secundum tabulas dem verhieß, der ihm tabulae testamenti obsignatae non minus multis signis quam e lege oportet, wie es in Ciceros Tagen, tabulae non minus quam septem signis signatae, wie es im Edikte Julians hieß, vorwies (die Siebenzahl ergab sich aus der Zusammenzählung der fünf Manzipationszeugen, des Libripens und des familiae emptor), ohne daß er den Nachweis der Manzipationsform verlangte. Damit war eine neue, vereinfachte Testamentsform geschaffen, die einseitige, schriftliche letzte Willenserklärung, die von sieben Zeugen als solche bestätigt war. Fehlte freilich die Manzipationsform, so kam es lediglich zu einer bonorum possessio iuris civilis supplendi gratia mit bloß vorläufiger Wirkung, die dem zivilen Erben gegenüber versagte. Erst Antoninus Pius gab ihr Vollkraft (cum re), indem er sie mit einer exceptio gegen die Klage des zivilen Erben ausstattete.

Damit war die Entwicklung des Testaments für das klassische Recht abgeschlossen. Alle anderen Modifikationen, die Erschwerungen für Blinde und Taubstumme, die Erleichterungen für das testamentum tempore pestis, ruri conditum, parentum inter liberos etc. gehören erst dem späteren Kaiserrecht an. Nur ein Stand, das Militär, war schon in klassischer Zeit begünstigt. Bereits Cäsar gewährte den Soldaten vorübergehend liberam testandi facultatem. Seinem Beispiele folgten Titus und Domitian. Namentlich von Nerva heißt es aber: plenissimam indulgentiam in milites contulit. Doch erst Trajan traf Verfügungen, die seitdem dauernd in die Amtsinstruktionen (mandata) der Statthalter übergingen: faciant igitur testamenta quo modo volent, faciant quo modo poterint, sufficiatque ad bonorum suorum divisionem faciendam nuda voluntas testatoris. Damit war das Soldatentestament nach Form und Inhalt aller Regeln des ius civile entbunden. Nur Verfügungen contra bonos mores waren hinfällig. Auch genoß der Soldat dieses Privileg zwar, mochte er im Feld oder in Garnison stehen, aber nur, solang er Soldat war. Er verlor es durch strafweise Entlassung und nach Ablauf eines Jahres seit seiner ehrenvollen Entlassung.

Damit, daß das Testament zur Verfügung über das ganze Vermögen wurde, erlangte zugleich die Anordnung der Universalsukzession grundlegende Bedeutung. Daher schreibt sich die Regel, daß die Erbeinsetzung velut caput et fundamentum totius testamenti, daß die Testamente vim ex institutione heredum accipiunt. Daher rührte der Grundsatz: nemo pro parte testatus pro parte intestatus decedere potest. Wie alle Regeln, so wurden auch diese zunächst wörtlich genommen. Die Einsetzung des Erben (und die exheredatio) mußten den Eingang des Testaments bilden und sich bestimmter Wendungen (verba directa imperativa) bedienen: Titius heres esto; Titium heredem esse iubeo (schon nicht: volo, instituo, facio). Der Erbe mußte individuell bestimmt sein. Nur falsa demonstratio non nocet. Ungültig war dagegen die Einsetzung einer persona incerta, darum auch die einer juristischen Person oder eines Ungeborenen. Bloß die Einsetzung (des nasciturus und) der etwa nach der Testamentserrichtung geborenen sui, der postumi sui war schon nach Zivilrecht gültig und das prätorische Edikt gewährte schließlich auch den postumi alieni die bonorum possessio secundum tabulas.

Aus den gleichen Gründen waren gewisse Nebenbestimmungen mit der Erbeinsetzung unvereinbar. Zwar nahm die Suspensivbedingung vermutlich gerade vom Testament ihren Ausgang. Auch ein unbestimmter Anfangstermin war, als der Bedingung gleichkommend, zulässig: dies incertus condicionem in testamento facit. Dagegen stand bereits der bestimmte Anfangstermin mit dem Erfordernisse „zeitlicher Kontinuität der Erbfolge" in Widerspruch. Vollends vertrugen sich Endtermin und auflösende Bedingung nicht mit dem Grundsatze, daß der Erbe ein für allemal berufen sei, semel heres semper heres. Nur ließ der favor testamenti die Einsetzung deshalb nicht hinfällig werden. Vielmehr wurde die unerlaubte wie die unmögliche und unsittliche Nebenbestimmung als nicht beigesetzt (pro non scripto) betrachtet und die Verfügung selbst aufrechterhalten. Die condicio iurisiurandi, daß der Vollzug des Erblasserwillens zu beschwören sei, und die negative Potestativbedingung, deren Erfüllung erst beim Tode des Bedachten feststünde, sind zwar weder unmöglich noch unerlaubt, aber doch für den Bedachten sehr nachteilig. Darum bestimmte das Edikt etwa seit Beginn der Kaiserzeit, daß die Eidesbedingung gestrichen werden solle. An ihre Stelle trat nach dem Edikt oder auf Grund der Praxis Erfüllungszwang. Die negative Potestativbedingung wurde jedenfalls bei Vermächtnissen, zunächst vielleicht nur bei der dem Damnationslegat beigefügten Bedingung „si uxor non nubserit", seit der Zeit des Q. Mucius, bei der Erbeinsetzung, wenn überhaupt, spätestens in severischer Zeit gegen Kautionsstellung (cautio Muciana) erlassen. Auch hier machte also der Kautionszwang die Bedingung zur Auflage. Ein allgemeiner Grundsatz, der für die Auflage bei letztwilligen Verfügungen Erfüllungszwang normiert hätte, galt nicht. Doch bestand ein indirekter Zwang darin, daß der Prätor dem derart belasteten Legatar die Klage verweigerte oder dem Erben exceptio doli gegen die Klage gewährte, gegen den also belasteten Erben, wo ein öffentliches Interesse oder eine dringende Pietätspflicht verletzt erschien, mit außerordentlichem, magistratischem Zwang vorging.

In dieser Regelung kam der auch sonst durchschlagende Gedanke zum Ausdruck, daß legitimer Vollstrecker des letzten Willens der Erbe sei, der nötigenfalls durch das imperium des Magistrats unterstützt und ersetzt wurde. Die Erscheinung des besonderen Testamentsvollstreckers war den Römern zwar nicht völlig fremd, doch jedenfalls für die Gesamtheit des Nachlasses und des letzten Willens unbekannt, nur für die Verwirklichung einzelner Testamentsbestimmungen (über das Begräbnis, über die Errichtung von Grab- und anderen Monumenten u. a. m.) üblich und überhaupt nicht geläufig.

Eine besondere Form der bedingten Erbeinsetzung war die Substitution, die Berufung eines Erben für den Fall, daß es ein anderer nicht wird: Titius heres esto. Si Titius heres non erit, Maevius heres esto. Dem Bestreben entsprungen, die Erblosigkeit des Nachlasses zu vermeiden, konnte sich die Bedingung unbegrenzt wiederholen (Si Maevius heres non erit etc.). Der Sicherheit halber erschien sehr häufig als letzter der Reihe ein Sklave des Erblassers, der durch das Testament freigelassen und Zwangserbe (heres necessarius) wurde. Auch konnte für mehrere Erben gemeinsam ein Substitut oder es konnten umgekehrt für einen Erben mehrere Substituten gemeinsam oder endlich die Miterben wechselseitig einander oder ein Miterbe allein den übrigen als Substitut bestellt werden. Auf die dadurch veranlaßten, zum Teil recht komplizierten Rechenexempel darf hier verzichtet werden. Das Wesentliche war, daß die Substitution eine bedingte Erbeinsetzung darstellte und daher den für die Erbeinsetzung überhaupt geltenden Regeln unterlag. Nur der Erstberufene (institutus) oder der Substitut, nicht beide konnten Erbe werden. Andererseits wurde der Substitut Erbe an Stelle des Eingesetzten und schloß deshalb Akkreszenz zugunsten der Miterben aus. Als letztwillige Bedingung hatte die Substitution Teil am favor testamenti, war sie nach Möglichkeit dem Willen des Erblassers gemäß auszulegen. Darum die Regel, daß, wer substituiert ist für den Fall, daß der Erbe nicht Erbe werden kann (casus impotentiae), auch als substituiert gelte für den, daß er nicht Erbe werden will (casus noluntatis), und umgekehrt. Darum auch der Grundsatz: substitutus substituto censetur substitutus instituto, der Substitut des Substituten gelte auch als solcher des Eingesetzten, wenn die Zwischenmänner ausfallen.

Einen Substituten konnte selbstverständlich auch der Vater dem Sohn in seinem Testamente bestellen. Gegenüber dieser „gemeinen" Substitution (substitutio vulgaris) stellte erst die Pupillarsubstitution etwas besonderes dar, durch die der Vater dem Sohn einen Substituten bestellte für den Fall, daß er zwar Erbe werden, aber vor erreichter Mündigkeit (antequam in suam tutelam venerit) sterben sollte. Das war nicht mehr Bestellung eines Substituten, sondern Einsetzung eines Erben für einen anderen. Denn der Pupillarsubstitut war nicht Erbe des Vaters, sondern des Sohnes. Der Vater errichtete damit zwei Testamente (duo quodammodo sunt testamenta), sein eigenes und das des Sohnes. Der Pupillarsubstitut beerbte den Sohn ohne Rücksicht darauf, ob dessen Vermögen vom Vater oder von anderer Seite herrührte. Der Vater konnte dem Sohn einen Pupillarsubstituten bestellen, ohne ihn selbst in seinem Testament zu bedenken.

Das war in der Tat der Standpunkt des klassischen Rechtes. Die Erscheinung ist an sich auffallend und mit dem Hinweis auf die patria potestas schon darum nicht erklärt, weil das die Beschränkung auf den Pupillen nicht einsehen läßt. Sie leidet aber auch an inneren Widersprüchen. Der Pupillarsubstitut, der zugleich Erbe (Institut oder Substitut) des Vaters war, erwarb und verlor mit der Erbschaft des Vaters auch die des Sohnes. Der Sklave des Vaters galt als Zwangserbe des Vaters und des Sohnes. Der Vater konnte für den Sohn nur testieren, wenn er zugleich ein eigenes Testament errichtete, und die Ungültigkeit des väterlichen Testamentes zog auch die des anderen nach sich. All diese Eigenheiten sind nur erklärlich als Reste eines älteren Rechtszustandes, in dem die beiden Erbschaften, die beiden Testamente als eins galten. In diesem Sinne sagte noch Javolenus: hereditas et patris et filii una est. Demgemäß berief der Vater den Pupillarsubstituten auch noch später mit den Worten: mihi heres esto. Die Pupillarsubstitution war m. a. W. eine Abspaltung der Vulgarsubstitution. Der Vater berief ehedem einen Substituten für den Fall, daß sein Sohn (vor ihm) unmündig versterben sollte. In seinen Wirkungen auf das Vermögen nicht wesentlich verschieden davon war der Fall, daß der Sohn zwar nach dem Vater, aber doch noch unmündig verstarb. Darum dehnte der Vater die Substitution auf diesen Fall aus, so daß das Testament eine substitutio duplex enthielt und sich noch in den letzten Zeiten der Republik die Ansicht durchsetzte, die zweite Substitution bringe die erste mit sich, wie man sich später ausdrückte, in der Pupillar- sei die Vulgarsubstitution stillschweigend enthalten (causa Curiana). Anstoß konnte nur der scheinbare Widerspruch mit der Regel semel heres semper heres erregen. Darüber half vermutlich die Kunst der Interpretation hinweg, wie ja wohl überhaupt die Pupillarsubstitution ein Produkt der Rechtswissenschaft, moribus introducta war. Auch der Pupillarsubstitut wurde Erbe nur, wenn es der Institut nicht wurde, der es eben auch nicht sofort, sondern erst wurde, wenn er die pubertas erreichte. Die Pupillarsubstitution erschien m. a. W. ursprünglich vermutlich als Verbindung einer bedingten Einsetzung des Pupillen für den Fall, daß er die Mündigkeit erreichte, mit einer Vulgarsubstitution für den entgegengesetzten Fall. Die sogenannte Quasipupillarsubstitution ist erst nachklassisches Recht.

Erst an die Erbeinsetzungen, Institutionen und Substitutionen konnten andere Verfügungen des Erblassers, Vormundsernennungen, Freilassungen, Vermächtnisse anschließen, ohne daß dafür eine bestimmte Reihenfolge vorgeschrieben gewesen wäre. Näherer Betrachtung bedürfen von diesen Verfügungen nur mehr die Vermächtnisse.

Als Anordnung einer Singularsukzession, als Zuwendung

eines Vermögensvorteils auf Kosten der Erbschaft durch Verfügung von Todes wegen war das Vermächtnis uralt, zweifellos schon zur Zeit der Zwölftafeln in Übung und sogar der Erbeinsetzung gegenüber insofern begünstigt, als es von der Zustimmung der Komitien jedenfalls befreit war. Doch war das Legat damals und anscheinend auch noch später durch Jahrhunderte nur als für den Bedachten unmittelbar wirksame Verfügung, als später sogenanntes Vindikationslegat möglich. Den Übergang zu der zweiten, später vorherrschenden Hauptform des Vermächtnisses, zum Damnationslegat vermittelte vermutlich das sogenannte legatum sinendi modo „als erste Stufe einer unvollkommenen Schuldnerschaft", die sich allmählich für den Erben dem Bedachten gegenüber entwickelte, indem der Erblasser den Erben verpflichten konnte, dem Bedachten zu gestatten (sinere) sich die zugedachte Sache anzueignen (sumere sibique habere), um ihn schließlich sogar zu verpflichten, dem Bedachten die zugewendete Sache zu verschaffen (dare damnas esto). In dieser Gestalt erscheint das Damnationslegat nicht vor Beginn des siebenten Jahrhunderts der Stadt, zunächst als partitio legata (legatum partitionis), als Verpflichtung des Erben, eine Quote des Nachlasses an den Bedachten herauszugeben, und zwar noch ohne das später für das Damnationslegat charakteristische Stichwort damnare.

Als jünger wird man das Damnationslegat aus triftigen Gründen ansehen müssen, obwohl das legatum sinendi modo in klassischer Zeit auf die Form damnas esto sinere abgestellt erscheint, die eben wohl erst als Umgestaltung einer älteren Form (sinito) in der Zeit des vollen Sieges des Damnationslegates zu betrachten ist. Dagegen hatte die vierte klassische Vermächtnisform, das sogenannte legatum per praeceptionem vermutlich bereits „ein langes Vorleben außerhalb der Gemeinschaft der von den Klassikern technisch so genannten Legate zurückgelegt, ehe es diesem Begriff untergeordnet wurde". Es sollte wahrscheinlich einst gewisse Vermögensstücke oder -massen (dos, peculium etc.), die schon bei Lebzeiten des Erblassers einem Familiengenossen (tatsächlich) zugewendet worden waren oder nunmehr zugewendet werden sollten, aus dem Nachlaß ausscheiden, einen „Voraus" begründen (praecipito). Mit seiner Einreihung in die Legate geriet der Begriff alsbald ins Schwanken. Die Sabinianer wollten dem neuen „Legat" die alte Eigenart möglichst bewahren, es daher bloß zugunsten von Miterben gelten lassen und im übrigen seine Wirkungen ähnlich wie beim legatum sinendi modo bestimmen. Die Prokulianer wollten es dagegen nicht bloß zum Legat umwandeln, sondern, die Anpassung fortsetzend, in dem nächstverwandten Vindikationslegat aufgehen lassen.

Als ein Teil des Testaments war das Legat dessen Formalismus unterworfen. Es war an den Gebrauch bestimmter, der eben erwähnten vier Formen gebunden. Auch Bedingungen, Befristungen und Auflagen unterlagen hier denselben Normen wie bei der Erbeinsetzung. Zugedacht werden konnte es jedem, der fähig war, letztwillig zu erwerben. Auferlegt konnte es nur dem Erben werden, bei einer Mehrheit von Erben allen gemeinsam oder auch nur einem oder einigen davon. Seinen Gegenstand konnte jeder Vermögenswert bilden, nicht bloß körperliche Sachen, sondern auch Dienstbarkeiten und Forderungen, ebenso in Form der Abtretung einer Forderung (legatum nominis) wie in der des Schulderlasses (legatum liberationis) oder als Vermächtnis des Schuldners an den Gläubiger (legatum debiti), das dem Gläubiger wenigstens den Vorteil der selbständigen Klage, des Verzichts auf dies oder condicio brachte, u. a. m. Seine Tendenz war jedoch eine Ehrung des Bedachten (honoratus). Darum war es ungültig, wo diese Absicht hinter der anderen zurücktrat, den Erben dadurch zu strafen (legatum poenae nomine relictum).

Insofern die verschiedene Vermächtnisform auch verschiedene rechtliche Wirkungen äußerte, war der Inhalt des Vermächtnisses auch maßgebend für die gewählte Form. Das Vindikationslegat machte den Legatar zum dinglich Berechtigten, gab ihm das Recht, die zugedachte Sache als seine eigene an sich zu nehmen, nicht bloß gegen den belasteten Erben, sondern gegen jeden Dritten nötigenfalls mit der rei vindicatio vorzugehen. Darum konnte es nur Sachen zum Gegenstande haben, die im (zivilen) Eigentum des Erblassers standen. Dasselbe galt vom Präzeptionslegat. Das legatum sinendi modo verpflichtete den Erben, dem Bedachten die Wegnahme zu gestatten. Deshalb konnten nur Sachen des Erblassers oder des Erben derart vermacht werden. Keine dieser Schranken bestand für das Damnationslegat, das dem Bedachten einen persönlichen Anspruch (actio ex testamento) gegen den Erben auf Verschaffung der Sache oder ihres Wertes gewährte. Demnach konnte ein Mißgriff in der Form Ungültigkeit des Vermächtnisses nach sich ziehen, die durch Wahl einer geeigneten Form, namentlich der Damnationsform, vermieden worden wäre. In diesem Sinne verfügte das S. C. Neronianum aus der Zeit Neros, daß jedes wegen der gewählten Form ungültige Legat als per damnationem (optimum genus legandi) errichtet gelten solle.

Das Legat konnte aber auch aus anderen Gründen ungültig sein. Jedenfalls war seine Gültigkeit auf Grund einer alten, vermutlich im Anschluß an das Manzipationstestament formulierten Regel (regula Catoniana) nach dem Zeitpunkte seiner Errichtung zu beurteilen, sofern nicht der Erblasser selbst seine Wirkung durch Beifügung einer Bedingung hinausgeschoben hatte: quod si testamenti facti tempore decessisset testator, inutile foret, id legatum, quandocumque decesserit, non valere.

Um dieser Gefahr zu entgehen, um Zuwendungen von Todes wegen von den Formvorschriften und von anderen Schranken der Legate unabhängig zu machen, wählte man schon im letzten Jahrhunderte der Republik die Fideikommisse. Man beschränkte sich auf eine Bitte (verbis precativis) an den testamentarischen oder gesetzlichen Erben, an einen Vermächtnisnehmer oder an sonst wen, dem man etwas von Todes wegen zuwandte, einem anderen eine Vermögenszuwendung zu machen. Die Erfüllung der Bitte, die anfänglich vielleicht nach Analogie des Mandates unter Lebenden ausgesprochen und angenommen, erst allmählich ins Testament selbst eingerückt wurde, war freilich nur der Redlichkeit des Gebetenen anvertraut, bloß fideicommissum, des Rechtsschutzes bar, aber eben darum an keine Form gebunden (fidei tuae committo, rogo, peto, volo etc.), ebenso im Rahmen eines Testamentes wie ohne solches, mündlich oder schriftlich möglich und vor allem der für Erblasser und Erben bestehenden subjektiven Schranken (testamenti factio, capacitas, dignitas) ledig. In den Rechtskreis führte sie zunächst Augustus ein, indem er für Fälle, wo die Verletzung der fides besonders schwer erschien, die Konsuln anwies, die Erfüllung des Fideikommisses durch extraordinaria cognitio zu erzwingen. Noch einen Schritt weiter ging Claudius, indem er die Konsuln und für Fideikommisse von geringerem Werte besondere (2) praetores fideicommissarii, deren Zahl Titus auf einen reduzierte, grundsätzlich beauftragte, extra ordinem auf die Erfüllung der Fideikommisse hinzuwirken. In den Provinzen war das Sache des praeses provinciae. Hand in Hand damit ging die Aufstellung bestimmter rechtlicher Erfordernisse für diese Fideikommisse.

Die Anordnung von Fideikommissen wurde durch die Testierfähigkeit des Verfügenden bedingt. Die capacitas des Bedachten (fideicommissarius) wurde durch das S. C. Pegasianum aus der Zeit Vespasians der des Erben und Legatars gleichgestellt. Die persona incerta und der postumus alienus konnten seit einem Senatsschluß aus der Zeit Hadrians auch nicht mehr mit einem Fideikommiß bedacht werden. Ein anderer Senatsschluß aus der Regierungszeit desselben Kaisers nahm den Peregrinen auch die „Fideikommißfähigkeit". Endlich dehnten das schon erwähnte S. C. Pegasianum und eine Konstitution des Antoninus Pius die Beschränkungen der lex Falcidia, jenes zugunsten des Testaments-, diese zugunsten des Intestaterben, auf Fideikommisse aus und die Rechtswissenschaft unterstellte sie allmählich auch den für die Legate geltenden Grundsätzen des Anwachsungsrechts, der Ungültigkeit usw. Im wesentlichen erschöpfte sich daher der Unterschied zwischen Legaten und Fideikommissen schon nach klassischem Recht in der Form, insofern das Fideikommiß nicht an das Testament gebunden war, in jeder beliebigen Form, schriftlich oder mündlich, selbst stillschweigend angeordnet werden konnte.

Für das schriftliche, der Testamentsform ermangelnde Fideikommiß kam anscheinend zuerst die Bezeichnung Kodizill auf. Das an bestimmte besondere Formen gebundene, dem Testamente teilweise gleichgestellte Kodizill (ab intestato) gehört wie das sogenannte Oralfideikommiß erst dem nachklassischen Recht an. Dagegen anerkennt schon Gajus das legatum codicillis relictum, wenn es der Erblasser im Testament konfirmiert hat, in testamento caverit testator, ut quidquid in codicillis scripserit, id ratum sit, das konfirmierte testamentarische Kodizill.

Schon gegen Ende der Republik war das legatum partitionis üblich, das dem Legatar eine Quote des Nachlasses verschaffte, ihn aber doch nicht zum Erben, daher auch nicht zum Nachlaßschuldner machte. Darum schlossen Erbe und Legatar hier die stipulationes partis et pro parte, die den Erben verpflichteten, dem Legatar den entsprechenden Teil der (nachträglich) eingehenden Nachlaßforderungen auszufolgen, den Legatar, dem Erben den entsprechenden Teil der (nachträglich) zutage tretenden Nachlaßschulden zu ersetzen. In ähnlicher Weise konnte ein Fideikommiß nicht bloß einzelne Sachen, sondern einen Bruchteil des Nachlasses oder auch den ganzen Nachlaß zum Gegenstande haben. Auch dieses Universalfideikommiß änderte nichts an der Rechtsstellung des Erben. Er blieb trotzdem allein Gläubiger und Schuldner der Nachlaßforderungen und -schulden. Wie beim legatum partitionis mußte daher auch hier die Rechtslage künstlich mit der Sachlage in Einklang gebracht werden. Das geschah in der Weise, daß der Erbe die Erbschaft nummo uno, dicis gratia an den Universalfideikommissar verkaufte und den stipulationes partis et pro parte nachgebildete stipulationes emptae et venditae hereditatis schloß. Dieser Ausweg erforderte aber nicht bloß für die körperlichen Sachen und für die Forderungen verwickelte Übertragungen. Er setzte überdies beide Teile der Gefahr aus, durch die Zahlungsunfähigkeit des anderen zu Schaden zu kommen. Er stellte es endlich dem Belasteten (Fiduziar) anheim, durch Ausschlagung der Erbschaft auch das Fideikommiß zu Fall zu bringen. Diesen Übelständen halfen zwei Senatsschlüsse ab, das S. C. Trebellianum aus der Zeit Neros (56?) und das S. C. Pegasianum.

Das S. C. Trebellianum ließ die körperlichen Sachen, die Forderungen und Schulden (iure praetorio) durch einfache Vereinbarung zwischen Fiduziar und Fideikommissar auf diesen übergehen, der dadurch nicht mehr bloß emptoris, sondern geradezu heredis loco trat, dessen Klagen, sowohl die Universalklage (hereditatis petitio fideicommissaria) als auch die Sonderklagen als actiones utiles mit formula ficticia erhielt, während dem Erben zur Verteidigung gegen Ansprüche der Nachlaßgläubiger eine exceptio (restitutae hereditatis) gewährt wurde.

Das S. C. Pegasianum schuf für den Fiduziar, der zwar nun keinerlei Gefahr mehr lief, doch auch keinen Nutzen (nullum aut minimum lucrum) zu erwarten hatte, den nötigen Anreiz, die Erbschaft trotzdem anzunehmen und dem Fideikommissar zuzuwenden, indem es ihm das Recht auf die Quarta (Falcidia) zusprach, ihn aber dadurch auch wieder zum Erben machte und den Universalfideikommissar in die Stellung des Teillegatars zurückdrängte, doch zugleich berechtigte, den Fiduziar iussu praetoris zur Annahme der Erbschaft zu zwingen.

Damit ergab sich eine ziemlich verwickelte Sachlage. Sobald das Fideikommiß drei Viertel des Nachlasses überschritt, galten die Grundsätze des S. C. Pegasianum, mochte der Fiduziar von seinem Abzugsrecht Gebrauch machen oder nicht. Nur traten, wenn der Abzug unterblieb und der Fideikommissar daher die ganze Erbschaft erhielt, an Stelle der stipulationes partis et pro parte die stipulationes emptae et venditae hereditatis. Loco heredis im Sinne des S. C. Trebellianum war der Universalfideikommissar seitdem nur, wenn der Fiduziar von vornherein die Quarta erhalten oder wenn er erst iussu praetoris angenommen hatte.

Das Fideikommiß ermöglichte es auch, die Unzulässigkeit des Endtermins für Erbeinsetzung und Vermächtnisse zu umgehen, ein fideicommissum post mortem heredis anzuordnen. Schon Gajus kennt die Verfügung: cum Titius heres meus mortuus erit, volo hereditatem meam ad P. Maevium pertinere. Die Schranke mußte nicht der Tod des Bedachten, es konnte auch ein anderes bestimmtes oder unbestimmtes Ereignis sein. Damit war der Vulgarsubstitution eine neue Art der Substitution zur Seite gestellt, die sich von ihr dadurch unterschied, daß Institut und Substitut der Reihe nach Erben wurden, die sogenannte fideikommissarische (precaria) Substitution. Daraus entwickelte sich, vornehmlich unter Scävolas und Papinians Einfluß und durch die Gesetzgebung der „philosophischen" Kaiser begünstigt, aus den Sitten und Anschauungen dieser späteren Zeit das fideicommissum familiae relictum.

Die Möglichkeit, durch das (Universal-) Fideikommiß gewissermaßen den Erfolg des Testaments auch ohne Testament herbeizuführen, bürgerte endlich die sogenannte Kodizillarklausel ein, die in das Testament aufgenommene Bestimmung, daß das Testament, wenn es als solches ungültig sein sollte, als Kodizill zu Lasten des Intestaterben gelten solle.

Die Vielgestaltigkeit und Ungebundenheit der Fideikommisse drängte andererseits die Schenkungen von Todes wegen (mortis causa donationes) immer mehr in den Hintergrund. Sie unterschieden sich von Legat und Fideikommiß durch die Geschäftsform, die sie mit den Schenkungen unter Lebenden gemein hatten, von diesen Schenkungen dadurch, daß sie durch das Überleben des Beschenkten notwendig — suspensiv oder resolutiv, doch im klassischen Rechte jedenfalls nicht dinglich resolutiv, sondern nur mit Kondiktionenwirkung — bedingt und beliebig widerruflich waren. Darum waren sie auch zwischen Ehegatten zulässig und der lex Cincia entzogen (morte Cincia removetur). Andererseits dehnte bereits ein Senatsschluß des ersten Jahrhunderts der Kaiserzeit die lex Iulia und Papia auf sie aus. Ein erster Schritt auf dem von Alexander Severus durch ihre Unterstellung unter die lex Falcidia fortgesetzten und von Justinian vollendeten Wege zu ihrer Verschmelzung mit den letztwilligen Verfügungen. Der rein negative Begriff der mortis causa capio, der alle Erwerbungen von Todes wegen umfaßt, die nicht Erbschaft, Legat, Fideikommiß oder Schenkung von Todes wegen sind, stammt anscheinend erst von den Byzantinern.

Das Vermächtnistestament war Erbentestament geworden, indem man die Legierfreiheit (uti legassit etc.) zur Testierfreiheit erweiterte. Diese Freiheit war jedoch niemals unbeschränkt. Sie hatte ihre persönlichen und sachlichen Grenzen. Ihre subjektive Grenze fand sie in der Person des Erblassers und in der des Berufenen. Der Erblasser mußte die Testierfähigkeit (testamenti factio [activa]) besitzen.

Als Fähigkeit zur Vermögensverfügung, die im Augenblick der Verfügung, der Testamentserrichtung vorhanden sein mußte, stand sie von Haus aus nur dem römischen pater familias, dem mündigen männlichen römischen Bürger sui iuris zu, darum schon nicht dem Verschwender und dem Wahnsinnigen. Der Fremde besaß sie nur, soweit ihm das commercium das Geschäft per aes et libram gestattete. Darum fehlte sie namentlich auch dem dediticius. Die Frau erlangte sie selbst tutore auctore erst durch Hadrian. Nur die vestalische Jungfrau besaß sie von jeher. Außerdem gewährte das ius liberorum ein Privileg. Sonst bot nur die coemptio testamenti faciendi gratia einen Ausweg. Doch gewährte der Prätor auch auf Grund eines „weiblichen" Testamentes bonorum possessio secundum tabulas. Der Haussohn konnte auch nach klassischem Recht nur über sein peculium castrense testieren. Das Kaiserrecht verlieh auch dem Staatssklaven (servus publicus) die Befugnis, über sein halbes Pekulium letztwillig zu verfügen. Gewissen Personen (Tauben, Stummen) fehlte die Testierfähigkeit aus physischen Gründen, die sie an der Vornahme des erforderlichen Formalaktes hinderten, anderen (intestabiles) kraft positiver Vorschrift.

Was die Person des Bedachten betrifft, so mußte auch der Berufene die erforderliche Fähigkeit (testamenti factio passiva) sowohl im Augenblicke der Testamentserrichtung als auch in dem der Berufung und des Erwerbes haben.

Auch sie besaß grundsätzlich nur der römische Bürger, der Latiner nicht sowohl kraft des commercium als vielmehr wohl auf Grund besonderer gesetzlicher Zulassung. Die Beschränkung der lex Voconia für Frauen geriet allmählich, schon infolge des Verschwindens des census, außer Übung. Nicht notwendig war Eigenberechtigung des Bedachten. Auch der homo alieni iuris, selbst der Sklave konnte bedacht werden. Nur konnte der eigene Sklave bloß cum libertate, unter gleichzeitiger Freilassung bedacht werden, der fremde Sklave die Zuwendung nur iussu domini annehmen. Kraft positiver Norm fehlte die Fähigkeit von alters her den intestabiles.

Ihre sachliche Grenze fand die Testierfreiheit an dem Noterbrecht und an den Beschränkungen der Vermächtnisse. Schon das Komitialtestament gab dem Erblasser das Recht, durch seine Verfügung die kraft Rechtens berufenen Erben von der Erbfolge auszuschließen, zu enterben (exheredare). Eine allgemeine Enterbungsklausel (exheredatio inter ceteros: ceteri exheredes sunto etc.) scheint von alters her geradezu allgemeines Testamentserfordernis gewesen zu sein, um gewissermaßen die Ernennung des Erben durch die Enterbung der ganzen übrigen Welt schärfer zu betonen. Als Einsetzungsförmlichkeit entstanden, bildete sie zugleich die Wurzel des formellen Noterbrechts. Die Milderung des Formalismus ließ das Fehlen der Klausel nicht als wesentlichen Mangel des Testaments erscheinen. Der Prätor griff ihn jedoch auf, wenn der Erblasser die nächsten Angehörigen, namentlich die sui weder eingesetzt noch enterbt, wenn er sie übergangen hatte. Daraus entwickelte sich der Grundsatz: sui heredes instituendi sunt aut exheredendi, den schon Cicero als alten Bestand des Zivilrechts ansah. Auf diesem Wege schritt die Jurisprudenz weiter, indem sie für den filius familias gar namentliche Enterbung (nominatim) verlangte, sich nur mehr für andere sui mit der Enterbung in Bausch und Bogen (inter ceteros) begnügte und die stillschweigende Übergehung (praeterire) des Sohnes mit Ungültigkeit des Testaments (testamentum inane, iniustum) bedrohte, einem anderen präterierten suus wenigstens einen Teil der Erbschaft, neben extranei die Hälfte, neben sui einen Kopfteil (pars virilis) des Nachlasses zusicherte. Der Prätor verlangte dann nicht bloß die namentliche Enterbung für alle männlichen Deszendenten. Er dehnte vielmehr die Ansprüche der sui auf die liberi überhaupt aus und gewährte denen, denen er die bonorum possessio unde liberi verhieß, schon in der Zeit zwischen Cicero und Labeo für den Fall ihrer Präterierung die bonorum possessio contra tabulas. Andererseits kamen Gesetzgebung (lex Iunia Vellaea aus dem Beginne der Kaiserzeit) und Rechtswissenschaft dem Erblasser gegen die Gefahr zu Hilfe, sein Testament infolge der „Präterierung" Nachgeborener hinfällig werden zu sehen, indem sie ihm gestatteten, solche (postumi legitimi, Aquiliani, Vellaeani etc.) im vorhinein einzusetzen oder zu enterben.

Die prätorischen Verheißungen bedeuteten nicht bloß eine Erweiterung des begünstigten Personenkreises, sondern auch eine erhebliche materielle Rechtsänderung. Die Wirkung der Präterierung war nun in jedem Fall Umstoßung des Testaments. Sie trat zwar nicht schon durch die Präterierung, sondern erst durch Gewährung der bonorum possessio contra tabulas, dadurch aber nicht bloß zugunsten des Bittstellers, sondern, commisso per eum edicto, zugunsten aller ein, die nun als liberi berufen waren, also auch zugunsten der eingesetzten liberi, dagegen nicht zugunsten der regelrecht Enterbten. Auch blieben alle Verfügungen in Geltung, die den Präterierten nicht benachteiligten.

Immerhin verpflichteten all diese Normen des bürgerlichen und prätorischen Rechtes den Erblasser nur zur Beobachtung bestimmter Formen. Die formelle Enterbung konnte zwar beim Komitialtestament die Aufmerksamkeit der Volksversammlung erregen, unter Umständen deren Zustimmung oder Zeugenschaft vereiteln, in jedem Falle den Erblasser selbst stutzig machen und zu besserer Einsicht veranlassen. Das formelle Noterbrecht besaß m. a. W. einen gewissen erziehlichen Wert und beeinflußte sicherlich auch die Erbsitte. Aber es sicherte dem Erben kein Recht auf die Erbschaft. Diesen Erfolg erzielte erst das infolgedessen sogenannte materielle Noterbrecht durch die querela inofficiosi testamenti.

Die Spuren der Querel führen nicht über das Ende der Republik zurück. Wahrscheinlich war sie dem griechischen Recht entlehnt, doch kaum unmittelbar, zumal die als Vorbild gedachte *δίκη μανίας* tatsächlich nicht als förmliche Einrichtung existierte und die attische Praxis der Testamentsanfechtung den Römern zu dieser Zeit kaum bekannt war. Wahrscheinlicher liegt hier einer der Fälle vor, wo die Rhetorik als Vermittlerin griechischer Anschauungen fungierte. Rhetorenwerk war namentlich der rechtlich niemals ernst genommene color insaniae, der die Anfechtung des lieblosen Testaments motivieren sollte.

Die Querel war anscheinend von jeher von der hereditatis petitio verschieden, nicht, wie man vielfach angenommen hat, aus der Praxis des Zentumviralgerichts in Intestaterbschaftsprozessen herausgewachsen, sondern durch die auctoritas iura constituentium, d. h. nicht der Rechtswissenschaft, sondern des rechtschaffenden Organs, des Gerichtsmagistrats begründet. Damit erklärt sich zugleich der doppelte Gerichtsstand in Querelsachen, die Konkurrenz der Zentumviralgerichtsbarkeit mit dem magistratischen Kognitionsverfahren. Die Querel war trotzdem ein einheitliches, selbständiges (nicht bloß, sondern nur später auch incidenter auftretendes) Rechtsmittel, das nur für das Formularverfahren ungeeignet, darum im Edikt anscheinend gar nicht berücksichtigt war, aber vom Prätor (durch legis actio sacramento) regelmäßig an die Zentumvirn verwiesen wurde, weil er die Verantwortung nicht selbst übernehmen wollte, zugunsten prätorischer Erben und der Provinzialen dagegen extra ordinem durchgeführt werden mußte. Das Kollegium der septemviri, dem man zum Teil die Gerichtsbarkeit in diesen Fällen zuweisen will, hängt in der Luft.

Der Erfolg der Querel war Vernichtung des pflichtwidrigen Testaments (testamentum inofficiosum) und Eröffnung der Intestaterbfolge. Die sogenannte actio ad supplendam legitimam ist wie die querela inofficiosae donationis und dotis erst späteres Recht. Unterlag der Kläger, drohten ihm Erbunwürdigkeit und Verlust selbst des im Testamente Zugedachten. Die Klage entsprang daher zwar der Verletzung des Pflichtteils, war aber doch insofern nicht bloße Pflichtteilsklage, als sie dem Sieger mehr als den Pflichtteil, sein gesetzliches Erbrecht verschaffte.

Was ihre Voraussetzungen betrifft, so hatte sie bestimmte Voraussetzungen überhaupt nicht. Nicht einmal Intestaterbrecht des Klägers war verlangt. Die Klage war zwar nicht gerade Popularklage. Sie stand aber doch jedem zu, der sich begründete Anwartschaft zutraute, vor allem Kindern, Eltern, Geschwistern. Das Gericht hatte lediglich zu entscheiden, uter dignior hereditate sit, ob die Verkürzung ungerechtfertigt war. Allmählich bildeten sich bestimmte Schranken aus. Vor allem setzte die Autorität des Gerichtsmagistrats seit der Regierung Domitians den Ausschluß der Querel für den Fall durch, daß dem Kläger wenigstens die Quarta (legitimae partis) zugewendet war. Auch erlosch der Anspruch durch Tod oder Verzicht des Berechtigten sowie überhaupt nach zwei, später nach fünf Jahren.

Mit diesem materiellen Noterbrecht war in der Tat der Testierfreiheit des Erblassers eine Schranke gesetzt. Noch viel früher war das geschehen zugunsten des eingesetzten Erben, dem der Erblasser bis dahin die ganze Erbschaft durch Legate und andere Verfügungen tatsächlich völlig entziehen, das inane nomen hereditatis hinterlassen konnte. Daran änderte freilich die im Anschluß an die lex Cincia (zwischen 550 und 585 a. u. c.) erflossene lex Furia testamentaria, eine mit manus iniectio (pura) ausgestattete lex imperfecta kaum etwas, indem sie verbot, jemandem, Kognaten bis zum sechsten Grad und den sobrino natus ausgenommen, legatorum nomine mortisve causa mehr als tausend As zuzuwenden. Auch die lex Voconia (585 a. u. c.), die Bürgern erster Klasse verbot, Frauen zu Erben einzusetzen und (nicht bloß ihnen, sondern) jedermann durch Vermächtnis mehr zuzuwenden, als der Erbe erhielt, erreichte diesen Zweck nur sehr unvollkommen. Vollen Erfolg gewährte erst die lex Falcidia (714 a. u. c.), ein Plebiszit, das wahrscheinlich durch eine damals auf die testamentarischen Erbschaften gelegte Kriegssteuer veranlaßt war und darum dem Erben einen absoluten, den vierten Teil der Erbschaft sichern wollte: ne plus civi Romano legare liceat quam dodrantem.

Der Erbe mußte als solcher (iure hereditario) ein reines Viertel des Nachlasses erhalten. Überstiegen die Vermächtnisse dieses Maß, wurden sie ipso iure entsprechend gekürzt. Maßgebend war der Zeitpunkt des Todes des Erblassers. Das Viertel wurde für jeden von mehreren Erben besonders berechnet. In die quarta Falcidia wurde dem Erben eingerechnet, was er als Erbe, nicht auch, was er aus anderem Titel (Legat usw.) erhielt. Das Recht auf die Quarta konnte der Erblasser dem Erben nach klassischem Rechte nicht nehmen. Er konnte nur verfügen, daß gewisse Vermächtnisse, sofern nicht schon sie das gesetzliche Maß überstiegen, vom Abzug verschont bleiben sollten. Das S. C. Pegasianum und eine Konstitution des Antoninus Pius dehnten die lex Falcidia auch auf Fideikommisse aller Art, das spätere Recht auch auf die mortis causa donatio aus. Nur das Militärtestament blieb davon ausgenommen. Damit war dem Erben in der Tat ein Teil der Erbschaft gesichert und zugleich die Gefahr vermieden, daß er den Nachlaß ausschlug, den Nachlaß erblos machte und dadurch auch den Legataren ihre Ansprüche völlig entzog.

Im Wesen der Testierfreiheit lag endlich auch die Widerruflichkeit des Testaments. Darum war zwar wohl das Komitialtestament unwiderruflich, solang und soweit es an die Zustimmung des Volkes gebunden war. Darum war das Testament des historischen Rechts grundsätzlich widerruflich:

nemo eam sibi potest legem dicere, ut a priore ei recedere non liceat. Doch gab es ebendarum zunächst auch nur eine Form des Widerrufs: Errichtung eines neuen Testaments, die andererseits notwendig jedes frühere Testament aufhob, posteriore testamento quod iure factum est superius rumpitur.

Der Prätor verlangte jedoch für die bonorum possessio secundum tabulas die Vorlage eines ordnungsgemäß verfaßten und versiegelten Testaments. Darum nahm er Widerruf des Testaments auch ohne Errichtung eines neuen an, wenn der Erblasser das Testament vernichtet, dessen Siegel erbrochen oder die Erbeinsetzung ausgelöscht hatte. Deshalb gewährte er die b. p. secundum tabulas selbst auf Grund des älteren Testaments, wenn der Erblasser das jüngere in solcher Absicht zerstört hatte. Endlich setzte sich die Möglichkeit durch, einzelne Vermächtnisverfügungen durch (testamentarisches) Kodizill oder (iure praetorio) durch bloße Durchstreichung abzuändern oder aufzuheben, ohne das Testament als solches aufzuheben. Schon Celsus sah ferner die in solcher Absicht geschehene Veräußerung der vermachten Sache als Widerruf des Vermächtnisses an. Ebenso legte man andere Ereignisse (Verfeindung des Erblassers mit dem Legatar u. a. m.) aus und man unterschied eigentlichen Widerruf (ademptio) und Umwandlung (translatio) der Vermächtnisse.

Nicht bloß der Widerruf des Erblassers konnte jedoch dem Testament seine Gültigkeit rauben. Das konnte auch durch Umstände geschehen, die vom Willen des Erblassers unabhängig waren. Das von Haus aus gültige Testament (testamentum iustum) wurde außer durch Widerruf oder durch das Auftauchen eines Noterben (testamentum ruptum) ungültig durch jede capitis deminutio des Erblassers (testamentum irritum), soweit nicht die Grundsätze des postliminium Platz griffen, durch freiwilligen oder unfreiwilligen Wegfall aller Berufenen (testamentum desertum, destitutum). Nicht das Testament, aber einzelne Verfügungen (Vermächtnisse) wurden unwirksam durch (ersatzlosen) Wegfall des Bedachten oder

Belasteten, durch Untergang der zugewendeten Sache, durch Erschöpfung der Aktiven des Nachlasses oder durch Überschreitung des gesetzlichen Maßes, endlich durch concursus duarum causarum lucrativarum.

Gesetz und Testament beriefen den Erben zunächst bloß zur Erbschaft. Sie gaben ihm, selbst wenn er die Berufung erlebte, den Erblasser überlebte (viventis non datur hereditas), noch nicht die Erbschaft. Nur der heres domesticus, der dem Hause des Erblassers angehörte, war der Notwendigkeit überhoben, sich der Erbschaft erst durch Zugriff zu bemächtigen. Bei ihm, beim suus, bei dem cum libertate zur Erbschaft berufenen mancipium und servus und auch beim Enkel des Erblassers von einem noch in dessen Gewalt lebenden Sohne, fielen Berufung und Erwerb zusammen. Sie waren heredes (sui et) necessarii. Sie wurden Erben, ob sie wollten oder nicht. Erst der Prätor gab dem suus und dem mancipium, anscheinend noch in republikanischer Zeit, das beneficium abstinendi, die Möglichkeit, sich der Erbschaft, wenn er unmündig war, selbst nach Einmischung, sonst nur, si se non immiscuerint, mit der Wirkung zu entschlagen, daß sie als nicht erworben galt; den necessarii das beneficium separandi, das sie zwar nicht von der Erbenstellung befreite, aber ihr nach der Berufung anderwärts erworbenes Vermögen dem Zugriffe der Erbschaftsgläubiger entzog.

Der heres extraneus mußte die Erbschaft erst erwerben. Er mußte überdies die erforderliche Erwerbshandlung selbst vornehmen. Das ius quaerendae hereditatis klebte an der Person des Berufenen, erlosch mit seinem Tode.

Die Möglichkeit, sich die Berufung eines anderen nutzbar zu machen, die Transmission ist erst nachklassisches Recht. Selbst ihre Anfänge, die transmissio ex capite in integrum restitutionis, kraft deren die Erben des Berufenen mit Hilfe einer von ihm versäumten Wiedereinsetzung den Erbschaftserwerb nachholen, begegnen nicht vor der Zeit der Antonine. Nur durch in iure cessio vermochte der Intestaterbe (nicht auch der Testamentserbe: nihil agit), der nicht als Zwangserbe mit der Berufung auch schon die Erbschaft erwarb, die noch nicht erworbene Erbschaft, sein Erbrecht jedem Dritten mit der Wirkung zuzuwenden, daß der Erwerber als Erbe galt. Die in iure cessio der bereits erworbenen Erbschaft stand zwar jedem Erben frei, ließ aber den Erben Erben bleiben, nur die Erbschaftssachen übergehen, die Erbschaftsforderungen untergehen.

Für den Erbschaftserwerb genügte es nicht allezeit, daß der Erbe im entscheidenden Zeitpunkt die erforderliche Erbfähigkeit besaß. Die Gesetzgebung des Augustus verlangte eine weitere Qualifikation, die capacitas, das ius capiendi. Die lex Iulia und Papia Poppaea bedrohten, von gewissen allgemeinen Ausnahmen zugunsten der Kognaten bis zum sechsten (siebenten) Grad und von speziellen Gnadenakten abgesehen, die caelibes, die Unverehelichten (Männer zwischen 25 und 60, Frauen zwischen 20 und 50 Jahren) mit vollständiger, die orbi, die Kinderlosen (Männer mit nicht wenigstens einem, freigeborene Frauen mit nicht wenigstens drei, freigelassene Frauen mit nicht wenigstens vier Kindern) mit teilweiser ($^1/_2$) Inkapazität als Testamentserben und bestraften kinderlose Ehegatten mit teilweiser wechselseitiger Inkapazität. Der dadurch frei werdende Teil des Nachlasses, die caduca wuchsen zwar den privilegierten Personen (Deszendenten und Aszendenten) nach den allgemeinen Regeln des Anwachsungsrechtes (ius antiquum) zu. Davon abgesehen stand dagegen das ius caduca vindicandi den heredes patres und in Ermanglung solcher den legatarii patres, den mit den Voraussetzungen der Ehegesetze ausgestatteten Erben und Legataren, zuletzt dem Staatsschatze zu. Einen zweiten Fall dieser Art setzte die lex Iunia Norbana, indem sie den Erbschaftserwerb des Latinus Iunianus davon abhängig machte, daß er innerhalb hundert Tagen seit der Berufung das römische Vollbürgerrecht erwarb. Einen dritten Fall der Inkapazität stellte Domitian für mulieres probrosae, für Dirnen und Schauspielerinnen auf.

Noch schärfer ging das Kaiserrecht in gewissen anderen Fällen vor, in denen es dem Berufenen zwar den Erwerb der Erbschaft gestattete, ja ihn sogar dazu zwang oder vielmehr so behandelte, wie wenn er erworben hätte, indem es ihm die Erbschaft entriß (bona ereptoria), sie für den Staatsschatz in Anspruch nahm, weder Berufung eines anderen noch Erwerb durch einen anderen an seiner Statt zuließ. Das sind die Fälle der Erbunwürdigkeit, der indignitas, die zumeist erst dem späteren Recht angehören.

Der Erwerbsakt war ursprünglich ein Formalakt, die cretio. Die usucapio pro herede spricht nicht für die aller Wahrscheinlichkeit zuwiderlaufende ursprüngliche Formlosigkeit des Erbschaftserwerbes. Sie beweist eher das Gegenteil, daß der Formmangel, wie sonst, so auch hier durch Zeitablauf geheilt werden mußte. Wohl aber mag sehr bald der Titel, die Berufung zur Erbschaft, den Zeitablauf ersetzt haben, die pro herede gestio, die Vornahme von Handlungen, durch die man sich als Herr der Erbschaft zu erkennen gab, wie die Aneignung oder Veräußerung von Erbschaftssachen, die Zahlung von Nachlaßschulden, dem Formalakt der cretio gleichgekommen sein, sofern nicht dem Testamentserben die cretio durch den Erblasser ausdrücklich zur Pflicht gemacht war. Die dritte Form des Erwerbes nuda voluntate, durch formlose Erklärung war vielleicht im klassischen Recht nicht so sehr eine eigene Form der aditio als vielmehr ein anderer Ausdruck für die im Gegensatze zur formalen cretio formlose pro herede gestio.

Jedenfalls war der Erwerb als rechtlicher Willensakt unwiderruflich. Als persönlicher Willensakt war er dem infans und furiosus verschlossen, dem impubes nur tutore auctore möglich, dem Gewaltunterworfenen nur iussu patris oder domini gestattet. Die aditio gehörte ferner zu den Akten, die weder Befristung noch Bedingung gestatteten. Darum war sie auch keiner Beschränkung auf weniger, als wozu man berufen war, fähig. Sie war, von der cretio perfecta abgesehen, an keine Frist gebunden. In dieser Richtung wirkten zunächst nur der Tod des Berufenen (hereditas non adita non transmittitur), der Eintritt eines Erbunfähigkeitsgrundes in seiner Person und die drohende usucapio pro herede befristend. Um den dadurch drohenden Gefahren für Erbschaftsgläubiger (Legatare und Noterben) vorzubeugen, gewährte ihnen der Prätor das Recht, den Berufenen vor Gericht zu laden und offiziell (interrogatio in iure) zu fragen, an heres sit. Zur Beantwortung dieser Frage konnte er eine Frist von gewöhnlich hundert Tagen (spatium deliberandi) erhalten, deren fruchtloses Verstreichen (iure praetorio) als Verzicht gedeutet wurde.

Die Gewährung der bonorum possessio erfolgte stets nur auf Bitte des Berufenen (b. possessionis petitio, agnitio). Auch diese Bitte scheint an bestimmte Formen gebunden gewesen zu sein, denen man die Bedeutung der aditio hereditatis beimaß. Sie war von Haus aus an eine bestimmte Frist, regelmäßig von hundert Tagen, nur für Erbberechtigte der geraden Linie von einem Jahre (tempus utile) geknüpft und den Normen der aditio unterworfen, nur anscheinend von jeher auch vertretungsweise möglich.

Die Testamentseröffnung wurde Vorbedingung des Erbschaftserwerbes erst durch die lex Iulia und Papia Poppaea. Vordem war sie ein rein privater Akt. Durch die lex Iulia vicesimaria (6 p. Ch. n.), die eine fünfprozentige Erbsteuer (für römische Bürger) schuf, wurde sie zu Kontrollzwecken bestimmten Förmlichkeiten unterworfen.

Der Erwerb eines Vermächtnisses als einer Zuwendung des Erblassers aus der Erbschaft, auf Kosten des Erben setzte das „Erbewerden" des Beschwerten, die aditio hereditatis durch den Erben voraus. Schon die republikanische Rechtswissenschaft stattete jedoch das Vermächtnis bereits in dem Augenblicke, wo es der Willkür des Erblassers entzogen war, also regelmäßig mit seinem Tode (oder mit Eintritt der aufschiebenden Bedingung), seit den Kaduzitätsgesetzen, von der

Testamentseröffnung, vom sogenannten dies cedens an mit gewissen Rechtswirkungen aus. Das Recht war schon von da an übertragbar, selbst wenn der Bedachte vor der aditio hereditatis starb. Nach demselben Zeitpunkte bestimmten sich das Ausmaß eines seinem Inhalte nach veränderlichen Vermächtnisses und die Person dessen, dem das einem homo alieni iuris zugedachte Vermächtnis zufiel.

Erworben wurde das Vermächtnis erst im Augenblicke des Erbschaftserwerbes (dies veniens) und zwar, ohne daß es einer besonderen Erwerbshandlung bedurfte, ipso iure. Das war der Standpunkt der Sabinianer, dem gegenüber die Prokulianer, die einen Willensakt des Legatars verlangten, unterlagen. Der Legatar erwarb selbst ohne Willen und Wissen. Er konnte jedoch das ihm angefallene Vermächtnis mit der Wirkung ausschlagen (repudiare), daß es als nicht erworben galt. Die Ausschlagung war unwiderruflich.

Annahme, Erwerb der Erbschaft, eines Vermächtnisses verschafften dem Berufenen nicht notwendig auch schon die Erbschaft oder das Vermächtnis. Dazu bedurfte er des Rechtsschutzes, der Klage. Als Erbe hatte er die Klagen des Erblassers, dessen vindicatio, actio empti, depositi etc. Die Rechtsordnung gewährte ihm überdies eine Universalklage, die hereditatis petitio, mit der er in seiner Eigenschaft als Erbe die Anerkennung seines Erbrechtes und die Herausgabe der ganzen Erbschaft, einer Quote (hereditatis petitio partiaria) oder einzelner (körperlicher und unkörperlicher) Erbschaftssachen als solcher von jedem begehren konnte, der sein Erbrecht bestritt und die Herausgabe mit Berufung auf ein eigenes Erbrecht (possessor pro herede) oder ohne Rücksicht auf einen eigenen Rechtstitel (possessor pro possessore) verweigerte.

Wenn auch nicht auf körperliche Sachen beschränkt, nicht bloß gegen den Besitzer im eigentlichen Sinne, sondern auch gegen den sogenannten iuris possessor zulässig, war sie doch von Haus aus als vindicatio, als actio in rem gedacht und daher deren prozessualen

Formen angepaßt, erst als legis actio sacramento in rem, dann per formulam petitoriam oder auch per sponsionem geltend zu machen.

Der possessor pro possessore war stets in mala fides. Der possessor pro herede konnte auch bonae fidei sein. Doch machte das zunächst keinen Unterschied. Er wurde in jedem Fall als Verwalter der Erbschaft betrachtet, der sie in dem Zustande herausgeben mußte, in dem sie sich nach den Grundsätzen ordentlicher Verwaltung befinden sollte. Erst im Anschluß an die Beseitigung der usucapio pro herede unterschied das nach Juventius Celsus sogenannte S. C. Iuventianum (129) zwischen dem redlichen und unredlichen Besitzer. Der redliche mußte die Erbschaft in dem Zustande herausgeben, in dem sie sich zur Zeit der Litiskontestation befand. Der unredliche war für jeden Schaden, für jede von ihm verschuldete Minderung oder unterlassene Mehrung der Erbschaft verantwortlich. Er haftete nicht bloß für fructus exstantes, sondern auch für fructus percepti und percipiendi. Auch stellte das S. C. dem possessor den sogenannten fictus possessor (qui dolo desiit possidere und qui liti se obtulit) gleich. Von den Schutzmaßregeln zugunsten des bonorum possessor war bereits die Rede. Der Auseinandersetzung der Erbengemeinschaft zwischen mehreren Erben diente die actio familiae herciscundae.

Das legatum per vindicationem gewährte dem Legatar die rei vindicatio, das per damnationem (und sinendi modo) einen persönlichen Anspruch (actio ex testamento) gegen den Belasteten, das per praeceptionem dem damit bedachten Miterben die actio familiae herciscundae, als Abart des legatum per vindicationem die vindicatio, seit dem S. C. Neronianum überdies jedes Vermächtnis die actio ex testamento. Das Fideikommiß war in die extraordinaria cognitio verwiesen. Das bedingte oder betagte Vermächtnis gewährte dem Bedachten schon in der Zwischenzeit Anspruch auf Sicherstellung (cautio legatorum servandorum causa), widrigenfalls er missio in possessionem (legatorum servandorum causa) begehren konnte.

Der Erbe setzte die Persönlichkeit des Erblassers fort. Hereditas nihil aliud est quam successio in universum ius quod defunctus habuit. Heres . . . in omne ius mortui non tantum singularum rerum dominium succedit. Das war die Regel, die nur durch die Natur einzelner (höchstpersönlicher) Rechte (Nießbrauch, adstipulatio, Mandat, societas, actio iniuriarum etc.) bedingte Ausnahmen erlitt. Der Erbe wurde Eigentümer, Gläubiger und Schuldner an Erblassers Statt. Er trat in dessen causa usucapiendi, „erbte" dessen bona oder mala fides (successio possessionis). Er übernahm die sacra familiaria. Er erwarb die Aktiven und haftete für die Schulden, und zwar unbeschränkt, nicht bloß mit dem Nachlaß (cum viribus hereditatis) oder nach Maßgabe der Nachlaßaktiven (quoad vires hereditatis), sondern, da das Vermögen des Erblassers und des Erben durch den Erbschaftserwerb eins wurden, ultra vires hereditatis, mit seinem ganzen Vermögen, das für die Gläubiger des Erblassers und für die des Erben nun eine einheitliche und untrennbare Vermögensmasse bildete.

Das war für die Erbschaftsgläubiger nachteilig, wenn ein aktiver Nachlaß mit dem verschuldeten Vermögen des Erben, für den Erben, wenn ein passiver Nachlaß mit seinem aktiven Vermögen verschmolzen wurde. Im letzteren Falle liefen auch die (alten) Gläubiger des Erben Gefahr zu kurz zu kommen. Diese Gefahr war aber nicht wesentlich verschieden von der, daß der Erbe andere neue Verpflichtungen einging. Darum lag kein Grund vor, sie gerade dagegen zu schützen. Wohl aber gewährte der Prätor schon zu Labeos Zeit den bedrohten Erbschaftsgläubigern (und Legataren), doch anscheinend nur gegenüber dem Testaments-, erst Justinian auch gegenüber dem Intestaterben, das Recht, die Trennung der beiden Massen (separatio bonorum) zu begehren und dadurch den Nachlaß dem Konkurse des Erben zu entziehen. Das Begehren mußte innerhalb angemessener Frist gestellt werden. Willfahrt werden konnte ihm (causa cognita) nur, wenn und soweit Trennung möglich war und solange die Gläubiger nicht den Erben durch Annahme von Sicherstellungen, Zahlungen u. a. m. als Schuldner anerkannt hatten. Der Erfolg, der übrigens nur den Gläubigern zugute kam, die die Trennung angesucht hatten, bestand darin, daß der Nachlaß ausschließlich der Befriedigung der Nachlaßgläubiger diente, die dadurch andererseits jedes Anspruches gegen den Erben ein für allemal verlustig gingen. Der Erbe blieb trotzdem Erbe. Ein allfälliger Überschuß verblieb ihm und seinen Gläubigern.

Der Erbe konnte sich gegen die ihm drohende Gefahr eines überschuldeten Nachlasses nur durch Ausschlagung der Erbschaft schützen. Darum gewährte ja der Prätor auch dem heres suus das beneficium abstinendi, dem necessarius zugleich mit oder vielleicht schon vor der separatio bonorum wenigstens das beneficium separandi. Das sogenannte beneficium inventarii, das zugunsten des Erben einen der separatio bonorum entsprechenden Zustand schuf, ist erst justinianisches Recht.

Lehnte der Erbe die Erbschaft ab und tat jeder nach Maßgabe einer angeordneten Substitution oder nach den Grundsätzen der successio ordinum et graduum Berufene desgleichen, so wurde der Nachlaß erblos, der usucapio pro herede preisgegeben, die den Erwerber ebenfalls für die sacra und für die Nachlaßschulden haftbar machte. Kam es auch dazu nicht, so gewährte der Prätor noch in republikanischer Zeit den Nachlaßgläubigern missio in bona zum Zwecke der Versteigerung des Nachlasses und zur Befriedigung aus dem Erlöse. Die Kaduzitätsgesetze wiesen den kaduk gewordenen Nachlaß dem Staatsschatze zu, der die Legate und Fideikommisse wie ein Erbe erfüllen mußte und mit den Aktiven des Nachlasses für dessen Schulden haftete.

Register.

Sammlung Göschen

Jeder Band in Leinw. geb. **90 Pf.**

Verzeichnis der bis jetzt erschienenen Bände.

Abwässer. **Wasser und Abwässer.** Ihre Zusammensetzung, Beurteilung u. Untersuchung von Professor Dr. Emil Haselhoff, Vorsteher der landw. Versuchsstation in Marburg in Hessen. Nr. 473.

Ackerbau- u. Pflanzenbaulehre v. Dr. Paul Rippert i. Essen u. Ernst Langenbeck, Gr.-Lichterfelde. Nr. 232.

Agrarwesen und Agrarpolitik von Prof. Dr. W. Wygodzinski in Bonn. 2 Bändchen. **I:** Boden u. Unternehmung. Nr. 592.

— — **II:** Kapital u. Arbeit in der Landwirtschaft. Verwertung der landwirtschaftl. Produkte. Organisation des landwirtschaftl. Berufsstandes. Nr. 593.

Agrikulturchemie I: Pflanzenernährung v. Dr. Karl Grauer. Nr. 329.

Agrikulturchemische Kontrollwesen, Das, v. Dr. Paul Krische in Leopoldshall-Staßfurt. Nr. 304.

— **Untersuchungsmethoden** von Prof. Dr. Emil Haselhoff, Vorsteher der landwirtschaftl. Versuchsstation in Marburg in Hessen. Nr. 470.

Akkumulatoren, Die, für Elektrizität v. Kais. Reg.-Rat Dr.-Ing. Richard Albrecht in Berlin-Zehlendorf. Mit 52 Figuren. Nr. 620.

Akustik. **Theoret. Physik I: Mechanik u. Akustik.** Von Dr. Gustav Jäger, Prof. an d. Techn. Hochschule in Wien. Mit 19 Abb. Nr. 76.

— **Musikalische,** von Professor Dr. Karl L. Schäfer in Berlin. Mit 36 Abbild. Nr. 21.

Algebra. **Arithmetik und Algebra** von Dr. H. Schubert, Professor an der Gelehrtenschule des Johanneums in Hamburg. Nr. 47.

Algebra. **Beispielsammlung z. Arithmetik und Algebra** von Dr. Herm. Schubert, Prof. a. d. Gelehrtenschule d. Johanneums i. Hamburg. Nr. 48.

Algebraische Kurven v. Eugen Beutel. Oberreallehrer in Vaihingen-Enz, **I:** Kurvendiskussion. Mit 57 Fig. im Text. Nr. 435.

— — **II:** Theorie u. Kurven dritter u. vierter Ordnung. Mit 52 Fig. im Text. Nr. 436.

Alpen, Die, von Dr. Rob. Sieger, Professor an der Universität Graz. Mit 19 Abb. u. 1 Karte. Nr. 129.

Althochdeutsche Literatur mit Grammatik, Übersetzung u. Erläuterungen v. Th. Schauffler, Prof. am Realgymnasium in Ulm. Nr. 28.

Alttestamentl. Religionsgeschichte von D. Dr. Max Löhr, Professor an der Universität Königsberg. Nr. 292.

Amphibien. **Das Tierreich III: Reptilien u. Amphibien** v. Dr. Franz Werner, Prof. an der Universität Wien. Mit 48 Abbild. Nr. 383.

Analyse, Techn.-Chem., von Dr. G. Lunge, Prof. a. d. Eidgen. Polytechnischen Schule in Zürich. Mit 16 Abb. Nr. 195.

Analysis, Höhere, I: Differentialrechnung. Von Dr. Frdr. Junker, Rektor des Realgymnasiums u. der Oberrealschule in Göppingen. Mit 68 Figuren. Nr. 87.

— — **Repetitorium und Aufgabensammlung zur Differentialrechnung** von Dr. Frdr. Junker, Rektor d. Realgymnas. u. d. Oberrealsch. in Göppingen. Mit 46 Fig. Nr. 146.

Analysis, Höhere, II: Integralrechnung. Von Dr. Friedr. Junker, Rektor des Realgymnasiums u. d. Oberrealschule in Göppingen. Mit 89 Figuren. Nr. 88.

— — **Repetitorium und Aufgabensammlung zur Integralrechnung** von Dr. Friedr. Junker, Rektor des Realgymnasiums und der Oberrealschule in Göppingen. Mit 50 Figuren. Nr. 147.

— **Niedere,** von Prof. Dr. Benedikt Sporer in Ehingen. Mit 5 Fig. Nr. 53.

Arbeiterfrage, Die gewerbliche, von Werner Sombart, Prof. an der Handelshochschule Berlin. Nr. 209.

Arbeiterversicherung siehe: Sozialversicherung.

Archäologie von Dr. Friedrich Koepp, Prof. an der Universität Münster i. W. 3 Bändchen. M. 28 Abb. im Text u. 40 Tafeln. Nr. 538/40.

Arithmetik u. Algebra von Dr. Herm. Schubert, Prof. a. d. Gelehrtenschule des Johanneums in Hamburg. Nr. 47.

— — **Beispielsammlung zur Arithmetik und Algebra** von Dr. Herm. Schubert, Prof. a. d. Gelehrtenschule des Johanneums in Hamburg. Nr. 48.

Armeepferd, Das, und die Versorgung der modernen Heere mit Pferden v. Felix von Damnitz, General der Kavallerie z. D. u. ehemal. Preuß. Remonteinspekteur. Nr. 514.

Armenwesen und Armenfürsorge. Einführung in d. soziale Hilfsarbeit v. Dr. Adolf Weber, Prof. an der Handelshochschule in Köln. Nr. 346.

Ästhetik, Allgemeine, von Prof. Dr. Max Diez, Lehrer a.d.Kgl.Akademie d. bild. Künste in Stuttgart. Nr. 300.

Astronomie. Größe, Bewegung u. Entfernung der Himmelskörper v. A. F. Möbius, neu bearb. von Dr. Herm. Kobold, Prof. an der Universität Kiel. **I:** Das Planetensystem. Mit 33 Abbildungen. Nr. 11.

— — **II:** Kometen, Meteore u. das Sternsystem. Mit 15 Figuren und 2 Sternkarten. Nr. 529.

Astronomische Geographie von Dr. Siegm. Günther, Professor an der Technischen Hochschule in München. Mit 52 Abbildungen. Nr. 92.

Astrophysik. Die Beschaffenheit der Himmelskörper v. Prof. W. F. Wislicenus. Neu bearbeitet von Dr. H. Ludendorff in Potsdam. Mit 15 Abbild. Nr. 91.

Ätherische Öle und Riechstoffe von Dr. F. Rochussen in Miltitz. Mit 9 Abbildungen. Nr. 446.

Aufsatzentwürfe v. Oberstudienrat Dr. L. W. Straub, Rektor des Eberhard-Ludwigs-Gymnas. i. Stuttg. Nr. 17.

Ausgleichungsrechnung nach der Methode der kleinsten Quadrate von Wilh. Weitbrecht, Prof. der Geodäsie in Stuttgart. 2 Bändchen. Mit 16 Figuren. Nr. 302 u. 641.

Außereuropäische Erdteile, Länderkunde der, von Dr. Franz Heiderich, Professor an der Exportakademie in Wien. Mit 11 Textkärtchen und Profilen. Nr. 63.

Australien. Landeskunde u. Wirtschaftsgeographie des Festlandes Australien von Dr. Kurt Hassert, Prof. d. Geographie an d. Handels-Hochschule in Köln. Mit 8 Abb., 6 graph. Tab. u. 1 Karte. Nr. 319.

Autogenes Schweiß- und Schneidverfahren von Ingen. Hans Niese in Kiel. Mit 30 Figuren. Nr. 499.

Bade- u. Schwimmanstalten, Öffentliche, v. Dr. Karl Wolff, Stadtoberbaur., Hannover. M. 50 Fig. Nr. 380.

Baden. Badische Geschichte von Dr. Karl Brunner, Prof. am Gymnas. in Pforzheim u. Privatdozent der Geschichte an der Technischen Hochschule in Karlsruhe. Nr. 230.

— **Landeskunde von Baden** von Prof. Dr. O. Kienitz i. Karlsruhe. Mit Profil., Abb. u. 1 Karte. Nr. 199.

Bahnhöfe. Hochbauten der Bahnhöfe v. Eisenbahnbauinspekt. C. Schwab, Vorstand d. Kgl. E.-Hochbausektion Stuttgart II. **I:** Empfangsgebäude. Nebengebäude. Güterschuppen. Lokomotivschuppen. Mit 91 Abbildungen. Nr. 515.

Balkanstaaten. Geschichte d. christlichen Balkanstaaten (Bulgarien, Serbien, Rumänien, Montenegro, Griechenland) von Dr. K. Roth in Kempten. Nr. 331.

Bankwesen. Technik des Bankwesens von Dr. Walter Conrad, stellvert. Vorsteher der statist. Abteilung der Reichsbank in Berlin. Nr. 484.

Bauführung. Kurzgefaßtes Handbuch über das Wesen der Bauführung v. Archit. Emil Beutinger, Assistent an d. Techn. Hochschule in Darmstadt. M. 25 Fig. u. 11 Tabell. Nr. 399.

Baukunst, Die, des Abendlandes v. Dr. K. Schäfer, Assist. a. Gewerbemuseum, Bremen. Mit 22 Abb. Nr. 74.

— **des Schulhauses** v. Prof. Dr.-Ing. Ernst Vetterlein, Darmstadt. **I:** Das Schulhaus. M. 38 Abb. Nr. 443.

— — **II:** Die Schulräume — Die Nebenanlagen. M. 31 Abb. Nr. 444.

Bausteine. Die Industrie der künstlichen Bausteine und des Mörtels von Dr. G. Rauter in Charlottenburg. Mit 12 Tafeln. Nr. 234.

Baustoffkunde, Die, v. Prof. H. Haberstroh, Oberl. a. d. Herzogl. Baugewerkschule Holzminden. Mit 36 Abbildungen. Nr. 506.

Bayern. Bayerische Geschichte von Dr. Hans Ockel in Augsburg. Nr. 160.

— **Landeskunde des Königreichs Bayern** v. Dr. W. Götz, Prof. a. d. Kgl. Techn. Hochschule München. M. Profil., Abb. u. 1 Karte. Nr. 176.

Befestigungswesen. Die geschichtliche Entwicklung des Befestigungswesens vom Aufkommen der Pulvergeschütze bis zur Neuzeit von Reuleaux, Major b. Stabe d. 1. Westpreuß. Pionierbataill. Nr. 17. Mit 30 Bildern. Nr. 569.

Beschwerderecht. Das Disziplinar- u. Beschwerderecht für Heer u. Marine v. Dr. Max E. Mayer, Prof. a. d. Univ. Straßburg i. E. Nr. 517.

Betriebskraft, Die zweckmäßigste, von Friedr. Barth, Oberingen. in Nürnberg. 1. Teil: Einleitung. Dampfkraftanlagen. Verschied. Kraftmaschinen. M. 27 Abb. Nr. 224.

— — **II:** Gas-, Wasser- u. Wind-Kraftanlagen. M. 31 Abb. Nr. 225.

— — **III:** Elektromotoren. Betriebskostentabellen. Graph. Darstell. Wahl d. Betriebskraft. M. 27 Abb. Nr. 474.

Bewegungsspiele v. Dr. E. Kohlrausch, Prof. am Kgl. Kaiser Wilhelms-Gymn. zu Hannover. M. 15 Abb. Nr. 96.

Bleicherei. Textil-Industrie III: Wäscherei, Bleicherei, Färberei und ihre Hilfsstoffe v. Dr. Wilh. Massot, Prof. a. d. Preuß. höh. Fachschule für Textilindustrie in Krefeld. Mit 28 Fig. Nr. 186.

Blütenpflanzen, Das System der, mit Ausschluß der Gymnospermen von Dr. R. Pilger, Kustos am Kgl. Botanischen Garten in Berlin-Dahlem Mit 31 Figuren. Nr. 393.

Bodenkunde von Dr. P. Vageler in Königsberg i. Pr. Nr. 455.

Brandenburgisch-Preußische Geschichte von Prof. Dr. M. Thamm, Dir. des Kaiser Wilhelms-Gymnasiums in Montabaur. Nr. 600.

Brasilien. Landeskunde der Republik Brasilien von Bel Rodolpho von Ihering. Mit 12 Abbildungen und 1 Karte. Nr. 373.

Brauereiwesen I: Mälzerei von Dr. Paul Dreverhoff, Dir. der Brauer- u. Mälzerschule zu Grimma. Mit 16 Abbildungen. Nr. 303.

Britisch-Nordamerika. Landeskunde von Britisch-Nordamerika v. Prof. Dr. A. Oppel in Bremen. Mit 13 Abb. und 1 Karte. Nr. 284.

Buchführung in einfachen u. doppelten Posten v. Prof. Rob. Stern, Oberl. d. Öffentl. Handelslehranst. u. Doz. d. Handelshochschule zu Leipzig. M. vielen Formul. Nr. 115.

Buddha von Professor Dr. Edmund Hardy. Nr. 174.

Burgenkunde, Abriß der, von Hofrat Dr. Otto Piper in München. Mit 30 Abbildungen. Nr. 119.

Bürgerliches Gesetzbuch siehe: Recht des BGB.

Byzantinisches Reich. Geschichte des byzantinischen Reiches von Dr. K. Roth in Kempten. Nr. 190.

Chemie, Allgemeine u. physikalische, von Dr. Max Rudolphi, Prof. an der Techn. Hochschule in Darmstadt. Mit 22 Figuren. Nr. 71.

— **Analytische,** von Dr. Johannes Hoppe in München. **I:** Theorie und Gang der Analyse. Nr. 247.

— — **II:** Reaktion der Metalloide und Metalle. Nr. 248.

— **Anorganische,** von Dr. Jos. Klein in Mannheim. Nr. 37.

Deutsche Handelskorrespondenz von Prof. Th. de Beaux, Officier de l'Instruction Publique. Nr. 182.

Deutsches Handelsrecht von Dr. Karl Lehmann, Prof. an der Universität Göttingen. 2 Bde. Nr. 457 u. 458.

Deutsche Heldensage, Die, von Dr. Otto Luitpold Jiriczek, Prof. an d. Universität Würzburg. Nr. 32.

Deutsche Kirchenlied, Das, in seinen charakteristischen Erscheinungen ausgewählt v. D. Friedrich Spitta, Prof. a. d. Universität in Straßburg i. E. **I: Mittelalter u. Reformationszeit.** Nr. 602.

Deutsches Kolonialrecht von Prof. Dr. H. Edler von Hoffmann, Studiendirektor der Akademie für kommunale Verwaltung in Düsseldorf. Nr. 318.

Deutsche Kolonien. I: Togo und Kamerun von Prof. Dr. K. Dove. Mit 16 Tafeln u. 1 lithogr. Karte. Nr. 441.

— **II: Das Südseegebiet und Kiautschou** von Prof. Dr. K. Dove. Mit 16 Tafeln u. 1 lith. Karte. Nr. 520.

— **III: Ostafrika** von Prof. Dr. K. Dove. Mit 16 Tafeln u. 1 lithogr. Karte. Nr. 567.

— **IV: Südwestafrika** von Prof. Dr. K. Dove. Mit 16 Taf. u. 1 lithogr. Karte. Nr. 637.

Deutsche Kulturgeschichte von Dr. Reinh. Günther. Nr. 56.

Deutsches Leben im 12. u. 13. Jahrhundert. Realkommentar zu den Volks- u. Kunstepen u. zum Minnesang. Von Prof. Dr. Jul. Dieffenbacher in Freiburg i. B. **I: Öffentliches Leben.** Mit zahlreichen Abbildungen. Nr. 93.

— — **II:** Privatleben. Mit zahlreichen Abbildungen. Nr. 328.

Deutsche Literatur des 13. Jahrhunderts. Die Epigonen d. höfischen Epos. Auswahl a. deutschen Dichtungen des 13. Jahrhunderts von Dr. Viktor Junk, Aktuarius der Kaiserlichen Akademie der Wissenschaften in Wien. Nr. 289.

Deutsche Literaturdenkmäler des 14. u. 15. Jahrhunderts. Ausgewählt und erläutert von Dr. Hermann Jantzen, Direktor d. Königin Luise-Schule in Königsberg i. Pr. Nr. 181.

Deutsche Literaturdenkmäler des 16. Jahrhunderts. I: Martin Luther u. Thom. Murner. Ausgewählt u. mit Einleitungen u. Anmerkungen versehen von Prof. G. Berlit, Oberlehrer am Nikolaigymnasium zu Leipzig. Nr. 7.

— — **II: Hans Sachs.** Ausgewählt u. erläut. v. Prof. Dr. J. Sahr. Nr. 24.

Deutsche Literaturdenkmäler des 16. Jahrhunderts. III: Von Brant bis Rollenhagen: Brant, Hutten, Fischart, sowie Tierepos u. Fabel. Ausgew. u. erläut. von Prof. Dr. Julius Sahr. Nr. 36.

— **des 17. und 18. Jahrhunderts bis Klopstock. I:** Lyrik von Dr. Paul Legband in Berlin. Nr. 364.

— — **II:** Prosa v. Dr. Hans Legband in Kassel. Nr. 365.

Deutsche Literaturgeschichte von Dr. Max Koch, Prof. an der Universität Breslau. Nr. 31.

— **der Klassikerzeit** v. Carl Weitbrecht, durchgesehen u. ergänzt v. Karl Berger. Nr. 161.

— **des 19. Jahrhunderts** von Carl Weitbrecht, neu bearbeitet von Dr. Rich. Weitbrecht in Wimpfen. I. II. Nr. 134. 135.

Deutschen Mundarten, Die, von Prof. Dr. H. Reis in Mainz. Nr. 605.

Deutsche Mythologie. Germanische Mythologie von Dr. Eugen Mogk, Prof. a. d. Univers. Leipzig. Nr. 15.

Deutschen Personennamen, Die, v. Dr. Rud. Kleinpaul i. Leipzig. Nr. 422.

Deutsche Poetik von Dr. K. Borinski, Prof. a. d. Univ. München. Nr. 40.

Deutsche Rechtsgeschichte v. Dr. Richard Schröder, Prof. a. d. Univers. Heidelberg. **I:** Bis z. Mittelalter. Nr. 621.

— — **II:** Die Neuzeit. Nr. 664.

Deutsche Redelehre von Hans Probst, Gymnasialprof. i. Bamberg. Nr. 61.

Deutsche Schule, Die, im Auslande von Hans Amrhein, Seminaroberlehrer in Rheydt. Nr. 259.

Deutsches Seerecht v. Dr. Otto Brandis, Oberlandesgerichtsrat in Hamburg. **I:** Allgem. Lehren: Personen u. Sachen d. Seerechts. Nr. 386.

— — **II:** Die einz. seerechtl. Schuldverhältnisse: Verträge des Seerechts u. außervertragliche Haftung. Nr. 387.

Deutsche Stadt, Die, und ihre Verwaltung. Eine Einführung i. d. Kommunalpolitik d. Gegenw. Herausgeg. v. Dr. Otto Most, Beigeordn. d. Stadt Düsseldorf. **I:** Verfassung u. Verwaltung im allgemeinen; Finanzen und Steuern; Bildungs- und Kunstpflege; Gesundheitspflege. Nr. 617.

— — **II:** Wirtschafts- u. Sozialpolitik. Nr. 662.

— — **III:** Technik: Städtebau, Tief- u. Hochbau. Mit 48 Abb. Nr. 663.

Deutsche Stammeskunde v. Dr. Rud. Much, a. o. Prof. a. d. Univ. Wien. Mit 2 Kart. u. 2 Taf. Nr. 126.

Deutsches Unterrichtswesen. Geschichte des deutschen Unterrichtswesens v. Prof. Dr. Friedrich Seiler, Direktor des Kgl. Gymnasiums zu Luckau. **I:** Von Anfang an bis zum Ende des 18. Jahrhunderts. Nr. 275.

— — **II:** Vom Beginn d. 19. Jahrh. bis auf die Gegenwart. Nr. 276.

Deutsche Urheberrecht, Das, an literarischen, künstlerischen u. gewerblichen Schöpfungen, mit besonderer Berücksichtigung der internat. Verträge v. Dr. Gust. Rauter, Patentanwalt in Charlottenburg. Nr. 263.

Deutsche Volkslied, Das, ausgewählt u. erläutert von Prof. Dr. Jul. Sahr. 2 Bändchen. Nr. 25 u. 132.

Deutsche Wehrverfassung von Karl Endres, Geheimer Kriegsrat u. vortragender Rat im Kriegsministerium in München. Nr. 401.

Deutsches Wörterbuch v. Dr. Richard Loewe. Nr. 64.

Deutsche Zeitungswesen, Das, von Dr. Robert Brunhuber in Köln a. Rh. Nr. 400.

Deutsches Zivilprozeßrecht von Prof. Dr. Wilhelm Kisch in Straßburg i. E. 3 Bände. Nr. 428—430.

Deutschland in römischer Zeit von Dr. Franz Cramer, Provinzialschulrat zu Münster i. W. Mit 23 Abbildungen. Nr. 633.

Dichtungen aus mittelhochdeutscher Frühzeit. In Ausw. mit Einltg. u. Wörterb. herausgeg. v. Dr. Herm. Jantzen, Direktor d. Königin Luise-Schule i. Königsberg i. Pr. Nr. 137.

Dietrichepen. Kudrun und Dietrichepen. Mit Einleitung u. Wörterbuch von Dr. O. L. Jiriczek, Prof. a. d. Universität Würzburg. Nr. 10.

Differentialrechnung von Dr. Friedr. Junker, Rektor d. Realgymnasiums u. der Oberrealschule in Göppingen. Mit 68 Figuren. Nr. 87.

— **Repetitorium u. Aufgabensammlung zur Differentialrechnung** von Dr. Friedr. Junker, Rektor d. Realgymnasiums u. d. Oberrealschule in Göppingen. Mit 46 Fig. Nr. 146.

Drogenkunde von Rich. Dorstewitz in Leipzig und Georg Ottersbach in Hamburg. Nr. 413.

Druckwasser- und Druckluft-Anlagen. Pumpen, Druckwasser- u. Druckluft-Anlagen von Dipl.-Ingen. Rudolf Vogdt, Regierungsbaumstr. a. D. in Aachen. Mit 87 Fig. Nr. 290.

Eddalieder mit Grammatik, Übersetzg. u. Erläuterungen von Dr. Wilhelm Ranisch, Gymnasialoberlehrer in Osnabrück. Nr. 171.

Eisenbahnbau. Die Entwicklung des modernen Eisenbahnbaues v. Dipl. Ing. Alfred Birk, o. ö. Prof. a. d. k. k. Deutschen Techn. Hochschule in Prag. Mit 27 Abbild. Nr. 553.

Eisenbahnen, Die Linienführung der, von H. Wegele, Professor an der Techn. Hochschule in Darmstadt. Mit 52 Abbildungen. Nr. 623.

Eisenbahnfahrzeuge von H. Hinnenthal, Regierungsbaumeister u. Oberingen. in Hannover. **I:** Die Lokomotiven. Mit 89 Abbild. im Text und 2 Tafeln. Nr. 107.

— — **II:** Die Eisenbahnwagen und Bremsen. Mit Anh.: Die Eisenbahnfahrzeuge im Betrieb. Mit 56 Abb. im Text u. 3 Taf. Nr. 108.

Eisenbahnpolitik. Geschichte d. deutschen Eisenbahnpolitik v. Betriebsinspektor Dr. Edwin Kech in Karlsruhe i. B. Nr. 533.

Eisenbahnverkehr, Der, v. Kgl. Eisenbahn-Rechnungsdirektor Th. Wilbrand in Berlin-Friedenau. Nr. 618.

Eisenbetonbau, Der, v. Reg.-Baumstr. Karl Rößle. Mit 75 Abbildungen. Nr. 349.

Eisenbetonbrücken von Dr.-Ing. K. W. Schaechterle in Stuttgart. Mit 104 Abbildungen. Nr. 627.

Eisenhüttenkunde von A. Krauß, dipl. Hütteningenieur. **I:** Das Roheisen. Mit 17 Fig. u. 4 Taf. Nr. 152.

— — **II:** Das Schmiedeisen. Mt. 25 Fig. u. 5 Taf. Nr. 153.

Eisenkonstruktionen im Hochbau von Ingen. Karl Schindler in Meißen. Mit 115 Figuren. Nr. 322.

Eiszeitalter, Das, v. Dr. Emil Werth in Berlin-Wilmersdorf. Mit 17 Abbildungen und 1 Karte. Nr. 431.

Elastizitätslehre für Ingenieure I: Grundlagen und Allgemeines über Spannungszustände, Zylinder, Ebene Platten, Torsion, Gekrümmte Träger. Von Dr.-Ing. Max Enßlin, Prof. a. d. Kgl. Baugewerkschule Stuttgart und Privatdozent a. d. Techn. Hochschule Stuttgart. Mit 60 Abbild. Nr. 519.

Elektrischen Meßinstrumente, Die, von J. Herrmann, Prof. an der Techn. Hochschule in Stuttgart. Mit 195 Figuren. Nr. 477.

Elektrische Telegraphie, Die, von Dr. Lud. Rellstab. Mit 19 Fig. Nr. 172.

Elektrizität. Theoret. Physik III: Elektrizität u. Magnetismus von Dr. Gust. Jäger, Prof. a. d. Techn. Hochschule in Wien. Mit 33 Abbildgn. Nr. 78.

Elektrochemie von Dr. Heinr. Danneel in Genf. I: Theoretische Elektrochemie u. ihre physikalisch-chemischen Grundlagen. Mit 16 Fig. Nr. 252.

— — II: Experiment. Elektrochemie, Meßmethoden, Leitfähigkeit, Lösungen. Mit 26 Fig. Nr. 253.

Elektromagnet. Lichttheorie. Theoret. Physik IV: Elektromagnet. Lichttheorie u. Elektronik von Professor Dr. Gust. Jäger in Wien. Mit 21 Figuren. Nr. 374.

Elektrometallurgie von Dr. Friedrich Regelsberger, Kaiserl. Reg.-Rat in Steglitz-Berlin. M. 16 Fig. Nr. 110.

Elektrotechnik. Einführung in die Starkstromtechnik v. J. Herrmann, Prof. d. Elektrotechnik an der Kgl. Techn. Hochschule Stuttgart. I: Die physikalischen Grundlagen. Mit 95 Fig. u. 16 Taf. Nr. 196.

— — II: Die Gleichstromtechnik. Mit 118 Fig. und 16 Taf. Nr. 197.

— — III: Die Wechselstromtechnik. Mit 154 Fig. u. 16 Taf. Nr. 198.

Elektrotechnik. Die Materialien des Maschinenbaues und der Elektrotechnik von Ingenieur Prof. Hermann Wilda in Bremen. Mit 3 Abbildgn. Nr. 476.

Elsaß-Lothringen, Landeskunde von, v. Prof. Dr. R. Langenbeck in Straßburg i. E. Mit 11 Abbild. u. 1 Karte. Nr. 215.

Englisch-deutsches Gesprächsbuch von Prof. Dr. E. Hausknecht in Lausanne. Nr. 424.

Englische Geschichte v. Prof. L. Gerber, Oberlehrer in Düsseldorf. Nr. 375.

Englische Handelskorrespondenz von E. E. Whitfield, M. A., Oberlehrer an King Edward VII Grammar School in King's Lynn. Nr. 237.

Englische Literaturgeschichte von Dr. Karl Weiser in Wien. Nr. 69.

— — **Grundzüge und Haupttypen d. englischen Literaturgeschichte** von Dr. Arnold M. M. Schröer, Prof. an der Handelshochschule in Köln. 2 Teile. Nr. 286, 287.

Englische Phonetik mit Lesestücken von Dr. A. C. Dunstan, Lektor an der Univers. Königsberg i. Pr. Nr. 601.

Entwicklungsgeschichte der Tiere von Dr. Johannes Meisenheimer, Prof. der Zoologie an der Universität Jena. I: Furchung, Primitivanlagen, Larven, Formbildung, Embryonalhüllen. Mit 48 Figuren. Nr. 378.

— — II: Organbildung. Mit 46 Fig. Nr. 379.

Epigonen, Die, des höfischen Epos. Auswahl aus deutschen Dichtungen des 13. Jahrhunderts von Dr. Viktor Junk, Aktuarius der Kaiserlichen Akademie der Wissenschaften in Wien. Nr. 289.

Erdbau von Reg.-Baum. Erwin Link in Stuttgart. Mit vielen Abbild. Nr. 630.

Erdmagnetismus, Erdstrom u. Polarlicht von Dr. A. Nippoldt, Mitglied des Königl. Preußischen Meteorologischen Instituts in Potsdam. Mit 7 Tafeln und 16 Figuren. Nr. 175.

Erdteile, Länderkunde der außereuropäischen, von Dr. Franz Heiderich, Professor an der Exportakademie in Wien. Mit 11 Textkärtchen und Profilen. Nr. 63.

Ernährung und Nahrungsmittel von Oberstabsarzt Professor H. Bischoff in Berlin. Mit 4 Abbild. Nr. 464.

Ethik von Prof. Dr. Thomas Achelis in Bremen. Nr. 90.

Europa, Länderkunde von, von Dr. Franz Heiderich, Prof. a. d. Exportakademie in Wien. Mit 14 Textkärtchen u. Diagrammen u. einer Karte der Alpeneinteilung. Nr. 62.

Exkursionsflora von Deutschland zum Bestimmen d. häufigeren i. Deutschland wildwachsenden Pflanzen von Dr. W. Migula, Prof. an der Forstakademie Eisenach. 2 Teile Mit je 50 Abbildungen. Nr. 268 und 269.

Experimentalphysik v. Prof. R. Lang in Stuttgart. I: Mechanik der festen, flüssigen und gasigen Körper. Mit 125 Figuren. Nr. 611.

Explosivstoffe. Einführung in d. Chemie der explosiven Vorgänge von Dr. H. Brunswig in Steglitz. Mit 6 Abbild. und 12 Tab. Nr. 333.

Familienrecht. Recht d. Bürgerlichen Gesetzbuches. Viertes Buch: Familienrecht von Dr. Heinrich Titze, Prof. a. d. Univ. Göttingen. Nr. 305.

Färberei. Textil-Industrie III: Wäscherei, Bleicherei, Färberei und ihre Hilfsstoffe von Dr. Wilhelm Massot, Prof. an der Preußischen höheren Fachschule f. Textilindustrie in Krefeld. Mit 28 Fig. Nr. 186.

Feldgeschütz, Das moderne, v. Oberstleutnant W. Heydenreich, Militärlehrer a. d. Militärtechn. Akademie in Berlin. I: Die Entwicklung des Feldgeschützes seit Einführung des gezogenen Infanteriegewehrs bis einschl. der Erfindung des rauchl. Pulvers, etwa 1850 bis 1890. Mit 1 Abbild. Nr. 306.

— — II: Die Entwicklung d. heutigen Feldgeschützes auf Grund der Erfindung des rauchlosen Pulvers, etwa 1890 bis zur Gegenwart. Mit 11 Abbild. Nr. 307

Fernsprechwesen, Das, von Dr. Ludwig Rellstab in Berlin. Mit 47 Fig. und 1 Tafel. Nr. 155.

Festigkeitslehre v. W. Hauber, Dipl.-Ingenieur. Mit 56 Fig. Nr. 288.

— **Aufgabensammlung zur Festigkeitslehre mit Lösungen** von R. Haren, Diplom-Ingenieur in Mannheim. Mit 42 Fig. Nr. 491.

Fette, Die, und Öle sowie die Seifen- u. Kerzenfabrikat. u. d. Harze, Lacke, Firnisse m. ihren wicht. Hilfsstoffen von Dr. Karl Braun in Berlin. I: Einf. in d. Chemie, Besprech. einiger Salze u. d. Fette u. Öle. Nr. 335.

— — II: Die Seifenfabrikation, die Seifenanalyse und die Kerzenfabrikation. Mit 25 Abbild. Nr. 336.

— — III: Harze, Lacke, Firnisse. Nr. 337.

Feuerwaffen. Geschichte d. gesamten Feuerwaffen bis 1850. Die Entwicklung der Feuerwaffen v. ihrem ersten Auftreten bis zur Einführung der gezogenen Hinterlader, unter besonderer Berücksichtig. d. Heeresbewaffnung von Major a. D. W. Gohlke, Steglitz-Berlin. Mit 105 Abbildungen. Nr. 530.

Feuerwerkerei, Die, von Direktor Dr. Alfons Bujard, Vorstand des Städtischen Chemischen Laboratoriums in Stuttgart. Mit 6 Fig. Nr. 634.

Filzfabrikation. Textil-Industrie II: Weberei, Wirkerei, Posamentiererei, Spitzen- und Gardinenfabrikation und Filzfabrikation von Professor Max Gürtler, Geh. Regierungsr. im Kgl. Landesgewerbeamt zu Berlin. Mit 29 Fig. Nr. 185.

Finanzsysteme der Großmächte, Die, (Internat. Staats- und Gemeinde-Finanzwesen) v. O. Schwarz, Geh. Oberfinanzrat in Berlin. 2 Bändchen. Nr. 450 und 451.

Finanzwissenschaft von Präsident Dr. R. van der Borght in Berlin. I: Allgemeiner Teil. Nr. 148.

— — II: Besonderer Teil (Steuerlehre). Nr. 391.

Finnisch-ugrische Sprachwissenschaft von Dr. Josef Szinnyei, Prof. an der Universität Budapest. Nr. 463.

Finnland. Landeskunde des Europäischen Rußlands nebst Finnlands von Prof. Dr. A. Philippson in Halle a. S. Nr. 359.

Firnisse. Harze, Lacke, Firnisse von Dr. Karl Braun in Berlin. (Fette und Öle III.) Nr. 337.

Fische. Das Tierreich IV: Fische von Prof. Dr. Max Rauther in Neapel. Mit 37 Abbild. Nr. 356.

Geographie, Geschichte der, von Prof. Dr. Konrad Kretschmer i. Charlottenburg. Mit 11 Kart. im Text. Nr. 624.

Geologie in kurzem Auszug f. Schulen u. zur Selbstbelehrung zusammengestellt v. Prof. Dr. Eberh. Fraas in Stuttgart. Mit 16 Abbild. u. 4 Tafeln mit 51 Figuren. Nr. 13.

Geometrie, Analytische, der Ebene v. Prof. Dr. M. Simon in Straßburg. Mit 52 Figuren. Nr. 65.

— — **Aufgabensammlung zur Analytischen Geometrie der Ebene** von O. Th. Bürklen, Professor am Kgl. Realgymnasium in Schwäb.-Gmünd. Mit 32 Fig. Nr. 256.

— — **des Raumes** von Prof. Dr M. Simon in Straßburg. Mit 28 Abbildungen. Nr. 89.

— — **Aufgabensammlung zur Analytischen Geometrie des Raumes** von O. Th. Bürklen, Professor am Kgl. Realgymnasium in Schwäb.-Gmünd. Mit 8 Fig. Nr. 309.

— **Darstellende,** von Dr. Robert Haußner, Prof. an d. Univ. Jena. I. Mit 110 Figuren. Nr. 142.

— — II. Mit 40 Figuren. Nr. 143.

— **Ebene,** von G. Mahler, Professor am Gymnasium in Ulm. Mit 111 zweifarbigen Figuren. Nr. 41.

— **Projektive,** in synthet. Behandlung von Dr. Karl Doehlemann, Prof. an der Universität München. Mit 91 Figuren. Nr. 72.

Geometrische Optik, Einführung in die, von Dr. W. Hinrichs in Wilmersdorf-Berlin. Nr. 532.

Geometrisches Zeichnen von H. Becker, Architekt u. Lehrer an der Baugewerkschule in Magdeburg, neubearbeitet von Prof. J. Vonderlinn in Münster. Mit 290 Figuren und 23 Tafeln im Text. Nr. 58.

Germanische Mythologie von Dr. E. Mogk, Prof. a. d. Univ. Leipzig. Nr. 15.

Germanische Sprachwissenschaft von Dr. Rich. Loewe. Nr. 238.

Gesangskunst. Technik der deutschen Gesangskunst von Osk. Noë u. Dr. Hans Joachim Moser. Nr. 576.

Geschäfts- und Warenhäuser v. Hans Schliepmann, Königl. Baurat in Berlin. I: Vom Laden zum „Grand Magasin". Mit 23 Abb. Nr. 655.

Geschäfts- und Warenhäuser v. Hans Schliepmann, Königl. Baurat in Berlin. II: Die weitere Entwickelung der Kaufhäuser Mit 39 Abbildungen. Nr. 656.

Geschichtswissenschaft, Einleitung in die, v. Dr. Ernst Bernheim, Prof. an der Univ. Greifswald. Nr. 270.

Geschütze, Die modernen, der Fußartillerie v. Mummenhoff, Major u. Lehrer an d. Fußartillerie-Schießschule in Jüterbog. I: Vom Auftreten d. gezogenen Geschütze bis zur Verwendung des rauchschwachen Pulvers 1850—1890. Mit 50 Textbildern. Nr. 334.

— — II: Die Entwicklung der heutigen Geschütze der Fußartillerie seit Einführung des rauchschwachen Pulvers 1890 bis zur Gegenwart. Mit 33 Textbildern. Nr. 362.

Geschwindigkeitsregler der Kraftmaschinen, Die, von Dr.-Ing. H. Kröner in Friedberg. Mit 33 Figuren. Nr. 604.

Gesetzbuch, Bürgerliches, siehe: Recht des Bürgerlichen Gesetzbuches.

Gesundheitslehre. Der menschliche Körper, sein Bau und seine Tätigkeiten v. E. Rebmann, Oberschulrat in Karlsruhe. Mit Gesundheitslehre von Dr. med. H. Seiler. Mit 47 Abbild. u. 1 Tafel. Nr. 18.

Gewerbehygiene von Dr. E. Roth in Potsdam. Nr. 350.

Gewerbewesen von Werner Sombart, Professor an der Handelshochschule Berlin. I. II. Nr. 203, 204.

Gewerbliche Arbeiterfrage, Die, von Werner Sombart, Prof. a. d. Handelshochschule Berlin. Nr. 209.

Gewerbliche Bauten. Industrielle und gewerbliche Bauten (Speicher, Lagerhäuser u. Fabriken) v. Architekt Heinr. Salzmann in Düsseldorf. I: Allgemeines über Anlage und Konstruktion der industriellen und gewerblichen Bauten. Nr. 511.

— — II: Speicher und Lagerhäuser. Mit 123 Figuren. Nr. 512.

Gewichtswesen. Maß-, Münz- u. Gewichtswesen von Dr. Aug. Blind, Prof. a. d. Handelsschule in Köln. Nr. 283.

Gießereimaschinen von Dipl.-Ing. Emil Treiber in Heidenheim a. B. Mit 51 Figuren. Nr. 548.

Heizung u. Lüftung v. Ing. Johannes Körting in Düsseldorf. **II:** Die Ausführung d. Heizungs- u. Lüftungsanlagen. Mit 191 Figuren. Nr. 343.

Hessen. Landeskunde des Großherzogtums Hessen, der Provinz Hessen-Nassau und des Fürstentums Waldeck v. Prof. Dr. Georg Greim in Darmstadt. Mit 13 Abbildungen und 1 Karte. Nr. 376.

Hieroglyphen von Geh. Regier.-Rat Dr. Ad. Erman, Prof. an der Universität Berlin. Nr. 608.

Hochspannungstechnik, Einführ. in die moderne, von Dr.-Ing. K. Fischer in Hamburg-Bergedorf. Mit 92 Fig. Nr. 609.

Holz, Das. Aufbau, Eigenschaften u. Verwendung v. Ing. Prof. Herm. Wilda in Bremen. Mit 33 Abb. Nr. 459.

Hotels. Gasthäuser und Hotels von Archit. Max Wöhler in Düsseldorf. **I:** Die Bestandteile u. d. Einrichtg. d. Gasthauses. M. 70 Fig. Nr. 525.

— — **II:** Die verschiedenen Arten von Gasthäusern. Mit 82 Figuren. Nr. 526.

Hydraulik v. W. Hauber, Dipl.-Ing. in Stuttgart. Mit 44 Figuren. Nr. 397.

Hygiene des Städtebaus, Die, von Prof. H. Chr. Nußbaum in Hannover. Mit. 30 Abb. Nr. 348.

— **des Wohnungswesens, Die,** von Prof. H. Chr. Nußbaum in Hannover. Mit 5 Abbild. Nr. 363.

Iberische Halbinsel. Landeskunde der Iberischen Halbinsel von Dr. Fritz Regel, Prof. a. d. Univ. Würzburg. M. 8 Kärtchen u. 8 Abb. im Text u. 1 Karte in Farbendruck. Nr. 235.

Indische Religionsgeschichte von Prof. Dr. Edmund Hardy. Nr. 83.

Indogerman. Sprachwissenschaft von Dr. R. Meringer, Professor an der Univers. Graz. M. 1 Tafel. Nr. 59.

Industrielle u. gewerbliche Bauten (Speicher, Lagerhäuser u. Fabriken) von Architekt Heinr. Salzmann in Düsseldorf. **I:** Allgemeines üb. Anlage u. Konstruktion d. industriellen u. gewerblichen Bauten. Nr. 511.

— — **II:** Speicher und Lagerhäuser. Mit 123 Figuren. Nr. 512.

Infektionskrankheiten, Die, und ihre Verhütung von Stabsarzt Dr. W. Hoffmann in Berlin. Mit 12 vom Verfasser gezeichneten Abbildungen und einer Fiebertafel. Nr. 327.

Insekten. Das Tierreich V: Insekten von Dr. J. Groß in Neapel (Stazione Zoologica). Mit 56 Abbildungen. Nr. 594.

Instrumentenlehre v. Musikdir. Franz Mayerhoff in Chemnitz. **I:** Text. Nr. 437.

— — **II:** Notenbeispiele. Nr. 438.

Integralrechnung von Dr. Friedr. Junker, Rekt. d. Realgymnasiums u. d. Oberrealschule in Göppingen. Mit 89 Figuren. Nr. 88.

— **Repetitorium u. Aufgabensammlung zur Integralrechnung** von Dr. Friedr. Junker, Rekt. d. Realgymnasiums u. der Oberrealschule in Göppingen. M. 52 Fig. Nr. 147.

Israel. Geschichte Israels bis auf die griechische Zeit von Lic. Dr. J. Benzinger. Nr. 231.

Italienische Handelskorrespondenz v. Prof. Alberto de Beaux, Oberlehrer am Königl. Institut S. S. Annunziata in Florenz. Nr. 219.

Italienische Literaturgeschichte von Dr. Karl Voßler, Professor an der Universität München. Nr. 125.

Kalkulation, Die, im Maschinenbau von Ingen. H. Bethmann, Dozent am Technikum Altenburg. Mit 63 Abbildungen. Nr. 486.

Kältemaschinen. Die thermodynamischen Grundlagen der Wärmekraft- und Kältemaschinen von M. Röttinger, Dipl.-Ing. in Mannheim. Mit 73 Figuren. Nr. 2.

Kamerun. Die deutschen Kolonien I: Togo und Kamerun von Prof. Dr. Karl Dove. Mit 16 Tafeln und einer lithogr. Karte. Nr. 441.

Kanal- und Schleusenbau von Regierungsbaumeister Otto Rappold in Stuttgart. Mit 78 Abb. Nr. 585.

Kant, Immanuel. (Geschichte der Philosophie Bd. 5) von Dr. Bruno Bauch, Prof. a. d. Univ. Jena. Nr. 536.

Kartell u. Trust v. Dr. S. Tschierschky in Düsseldorf. Nr. 522

Kartenkunde von Dr. M. Groll, Kartograph i. Berlin. 2 Bändchen. **I:** Die Projektionen. Mit 56 Fig. Nr. 30.

Kartenkunde von Dr. M. Groll, Kartograph in Berlin. **II:** Der Karteninhalt und das Messen auf Karten. Mit 39 Fig. Nr. 599.

Kartographische Aufnahmen u. geograph. Ortsbestimmung auf Reisen von Dr.-Ing. R. Hugershoff, Prof. an der Forstakademie zu Tharandt. Mit 73 Figuren. Nr 607.

Kaufmännische Rechtskunde. I: Das Wechselwesen v. Rechtsanwalt Dr. Rud. Mothes in Leipzig. Nr. 103.

— **II:** Der Handelsstand v. Rechtsanwalt Dr. jur. Bruno Springer, Leipzig. Nr. 545.

Kaufmännisches Rechnen von Prof. Richard Just, Oberlehrer a. d. Öffentl. Handelslehranstalt d. Dresdener Kaufmannschaft. I. II. III. Nr. 139, 140, 187.

Keramische Industrie. Die Industrie der Silikate, der künstlichen Bausteine und des Mörtels von Dr. Gust. Rauter. **I:** Glas- u. keram. Industrie. Mit 12 Taf. Nr. 233.

Kerzenfabrikation. Die Seifenfabrikation, die Seifenanalyse und die Kerzenfabrikation von Dr. Karl Braun in Berlin. (Die Fette u. Öle II.) Mit 25 Abb. Nr. 336.

Kiautschou. Die deutschen Kolonien II: Das Südseegebiet und Kiautschou v. Prof. Dr. K. Dove. Mit 16 Taf. u. 1 lithogr. Karte. Nr. 520.

Kinematik von Dipl.-Ing. Hans Polster, Assist. a. d. Kgl. Techn. Hochschule Dresden. M. 76 Abb. Nr. 584.

Kirchenrecht v. Dr. E. Sehling, ord. Prof. d. Rechte in Erlangen. Nr. 377.

Klima und Leben (Bioklimatologie) von Dr. Wilh. R. Eckardt, Assist. an der öffentl. Wetterdienststelle in Weilburg. Nr. 629.

Klimakunde I: Allgemeine Klimalehre von Prof. Dr. W. Köppen, Meteorologe der Seewarte Hamburg. Mit 7 Taf. u. 2 Figuren. Nr. 114.

Kolonialgeschichte von Dr. Dietrich Schäfer, Professor der Geschichte an der Universität Berlin. Nr. 156.

Kolonialrecht, Deutsches, von Prof. Dr. H. Edler von Hoffmann, Studiendirektor d. Akademie für kommunale Verwaltung in Düsseldorf. Nr. 318.

Kometen. Astronomie. Größe, Bewegung u. Entfernung d. Himmelskörper v. A. F. Möbius, neu bearb. v. Dr. Herm. Kobold, Prof. an der Univ. Kiel. **II:** Kometen, Meteore u. das Sternsystem. Mit 15 Fig. u. 2 Sternkarten. Nr. 529.

Kommunale Wirtschaftspflege von Dr. Alfons Rieß, Magistratsassessor in Berlin. Nr. 534.

Kompositionslehre. Musikalische Formenlehre v. Steph. Krehl. I. II. M. viel. Notenbeispiel. Nr. 149, 150.

Kontrapunkt. Die Lehre von der selbständigen Stimmführung v. Steph. Krehl in Leipzig. Nr. 390.

Kontrollwesen, Das agrikulturchemische, von Dr. Paul Krische in Leopoldshall-Staßfurt. Nr. 304.

Koordinatensysteme v. Paul B. Fischer, Oberl. a. d. Oberrealschule zu Groß-Lichterfelde. Mit 8 Fig. Nr. 507.

Körper, Der menschliche, sein Bau und seine Tätigkeiten von E. Rebmann, Oberschulrat in Karlsruhe. Mit Gesundheitslehre v. Dr. med. H. Seiler. Mit 47 Abb. u. 1 Tafel. Nr. 18.

Kostenanschlag siehe: Veranschlagen.

Kriegsschiffbau. Die Entwicklung des Kriegsschiffbaues vom Altertum bis zur Neuzeit. Von Tjard Schwarz, Geh. Marinebaurat und Schiffbau-Direktor. I. Teil: Das Zeitalter der Ruderschiffe u. der Segelschiffe für die Kriegsführung zur See vom Altertum bis 1840. Mit 32 Abbildungen. Nr. 471.

— — II. Teil: Das Zeitalter der Dampfschiffe für die Kriegsführung zur See von 1840 bis zur Neuzeit. Mit 81 Abbildungen. Nr. 472.

Kriegswesens, Geschichte des, von Dr. Emil Daniels in Berlin. **I:** Das antike Kriegswesen. Nr. 488.

— — **II:** Das mittelalterliche Kriegswesen. Nr. 498.

— — **III:** Das Kriegswesen der Neuzeit. Erster Teil. Nr. 518.

— — **IV:** Das Kriegswesen der Neuzeit. Zweiter Teil. Nr. 537.

— — **V:** Das Kriegswesen der Neuzeit. Dritter Teil. Nr. 568.

Kristallographie v. Dr. W. Bruhns, Prof. a. d. Bergakademie Clausthal. Mit 190 Abbild. Nr. 210.

Lüftung. Heizung und Lüftung von Ing. Johannes Körting in Düsseldorf. II: Die Ausführung der Heizungs- und Lüftungsanlagen. Mit 191 Figuren. Nr. 343.

Luther, Martin, und Thom. Murner. Ausgewählt und mit Einleitungen u. Anmerkungen versehen v. Prof. G. Berlit, Oberlehrer am Nikolaigymnasium zu Leipzig. Nr. 7.

Magnetismus. Theoretische Physik III. Teil: Elektrizität u. Magnetismus. Von Dr. Gustav Jäger, Prof. an der Technischen Hochschule Wien. Mit 33 Abbildungen. Nr. 78.

Mälzerei. Brauereiwesen I: Mälzerei von Dr. P. Dreverhoff, Direktor d. Öffentlichen und 1. Sächs. Versuchsstation für Brauerei und Mälzerei, sowie der Brauer- und Mälzerschule zu Grimma. Nr. 303.

Maschinenbau, Die Kalkulation im, von Ingenieur H. Bethmann, Doz. am Technikum Altenburg. Mit 63 Abbildungen. Nr. 486.

— **Die Materialien des Maschinenbaues und der Elektrotechnik** von Ingenieur Prof. Hermann Wilda. Mit 3 Abbildungen. Nr. 476.

Maschinenelemente, Die. Kurzgefaßtes Lehrbuch mit Beispielen für das Selbststudium u. d. praktischen Gebrauch von Fr. Barth, Oberingen. in Nürnberg. Mit 86 Fig. Nr. 3.

Maschinenzeichnen, Praktisches, von Ing. Richard Schiffner in Warmbrunn. I: Grundbegriffe, Einfache Maschinenteile bis zu den Kuppelungen. Mit 60 Tafeln. Nr. 589.

— — II: Lager, Riemen- und Seilscheiben, Zahnräder, Kolbenpumpe. Mit 51 Tafeln. Nr. 590.

Maßanalyse von Dr. Otto Röhm in Darmstadt. Mit 14 Fig. Nr. 221.

Maß-, Münz- und Gewichtswesen von Dr. August Blind, Professor an der Handelsschule in Köln. Nr. 283.

Materialprüfungswesen. Einführung in die moderne Technik d. Materialprüfung von K. Memmler, Dipl.-Ingenieur, ständ. Mitarbeiter am Kgl. Material-Prüfungsamte zu Groß-Lichterfelde. I: Materialeigenschaften.— Festigkeitsversuche. — Hilfsmittel für Festigkeitsversuche. Mit 58 Figuren. Nr. 311.

Materialprüfungswesen. Einführung in die moderne Technik d. Materialprüfung von K. Memmler, Dipl.-Ingenieur, ständ. Mitarbeiter am Kgl. Material-Prüfungsamte zu Groß-Lichterfelde. II: Metallprüfung und Prüfung von Hilfsmaterialien d. Maschinenbaues. — Baumaterialprüfung. — Papierprüfung. — Schmiermittelprüfung. — Einiges über Metallographie. Mit 31 Fig. Nr. 312.

Mathematik, Geschichte der, von Dr. A. Sturm, Prof. am Obergymnasium in Seitenstetten. Nr. 226.

Mathematische Formelsammlung und Repetitorium der Mathematik, enthaltend die wichtigsten Formeln u. Lehrsätze d. Arithmetik, Algebra, algebraischen Analysis, ebenen Geometrie, Stereometrie, ebenen und sphärischen Trigonometrie, math. Geographie, analyt. Geometrie der Ebene und des Raumes, der Differential- und Integralrechnung von O. Th. Bürklen, Professor am Kgl. Realgymnasium in Schw.-Gmünd. Mit 18 Figuren. Nr. 51.

Maurer- und Steinhauerarbeiten von Prof. Dr. phil. und Dr.-Ing. Ed. Schmitt in Darmstadt. 3 Bändchen Mit vielen Abbild. Nr. 419—421.

Mechanik. Theoret. Physik I. Teil: Mechanik und Akustik. Von Dr. Gust. Jäger, Prof. an der Technischen Hochschule in Wien. Mit 19 Abbildungen. Nr. 76.

Mechanische Technologie von Geh. Hofrat Professor A. Lüdicke in Braunschweig. 2 Bändchen. Nr. 340, 341.

Mecklenburg. Landeskunde d. Großherzogtümer Mecklenburg u. der Freien u. Hansestadt Lübeck von Dr. Sebald Schwarz, Direktor der Realschule zum Dom in Lübeck. Mit 17 Abbild. im Text, 16 Taf. und 1 Karte in Lithographie. Nr. 487.

Mecklenburgische Geschichte von Oberlehrer Otto Vitense in Neubrandenburg i. M. Nr. 610.

Meereskunde, Physische, von Prof. Dr. Gerhard Schott, Abteilungsvorsteher bei d. Deutschen Seewarte in Hamburg. Mit 39 Abbildungen im Text und 8 Tafeln. Nr. 112.

Nautik. Kurzer Abriß d. täglich an Bord von Handelsschiffen angew. Teils d. Schiffahrtskunde. Von Dr. Franz Schulze, Dir. d. Navigationsschule zu Lübeck. Mit 56 Abbildgn. Nr. 84.

Neugriechisch-deutsches Gesprächsbuch mit besond. Berücksichtigung d. Umgangssprache v. Dr. Johannes Kalitsunakis, Doz. am Seminar für orient. Sprache in Berlin. Nr. 585.

Neunzehntes Jahrhundert. Geschichte des 19. Jahrhunderts von Oskar Jäger, o. Honorarprof. a. d. Univ. Bonn. 1.Bdch.: 1800—1852. Nr. 216.

— — 2. Bändchen: 1853 bis Ende des Jahrhunderts. Nr. 217.

Neutestamentliche Zeitgeschichte von Lic. Dr. W. Staerk, Prof. a. der Univ. in Jena. **I:** Der historische u. kulturgeschichtl. Hintergrund d. Urchristentums. M. 3 Karten. Nr. 325.

— — **II:** Die Religion d. Judentums im Zeitalter des Hellenismus und der Römerherrschaft. Mit 1 Planskizze. Nr. 326.

Nibelunge Nôt, Der, in Auswahl und mittelhochdeutsche Grammatik mit kurzem Wörterb. v. Dr. W. Golther, Prof. an der Univ. Rostock. Nr. 1.

Nordische Literaturgeschichte I: Die isländ. u. norweg. Literatur des Mittelalters v. Dr. Wolfg. Golther, Prof. an der Universität Rostock. Nr. 254.

Nutzpflanzen von Prof. Dr. J. Behrens, Vorst. d. Großherzogl. landwirtschaftl. Versuchsanst. Augustenberg. Mit 53 Figuren. Nr. 123.

Öle. Die Fette u. Öle sowie d. Seifen- u. Kerzenfabrikation u. d. Harze, Lacke, Firnisse mit ihren wichtigsten Hilfsstoffen von Dr. Karl Braun in Berlin. I: Einführung in d. Chemie, Besprechung einiger Salze u. der Fette und Öle. Nr. 335.

Öle und Riechstoffe, Ätherische, von Dr. F. Rochussen in Miltitz. Mit 9 Abbildungen. Nr. 446.

Optik. Einführung in d. geometrische Optik von Dr. W. Hinrichs in Wilmersdorf-Berlin. Nr. 532.

Orientalische Literaturen. Die Literaturen des Orients von Dr. M. Haberlandt, Privatdoz. an d. Universität Wien. **I:** Die Literaturen Ostasiens und Indiens. Nr. 162.

Orientalische Literaturen. Die Literaturen des Orients von Dr. M. Haberlandt, Privatdoz an d. Universität Wien. **II:** Die Literaturen d. Perser, Semiten und Türken. Nr. 163.

— **Die christlichen Literaturen des Orients** von Dr. Ant. Baumstark. **I:** Einleitg. — Das christl.-aramäische u. d. kopt. Schrifttum. Nr. 527.

— — **II:** Das christlich-arabische und das äthiopische Schrifttum. — Das christliche Schrifttum der Armenier und Georgier. Nr. 528.

Ortsnamen im Deutschen, Die, ihre Entwicklung u. ihre Herkunft von Dr. Rudolf Kleinpaul in Leipzig-Gohlis. Nr. 573.

Ostafrika. (Die deutsch. Kolonien III) von Prof. Dr. K. Dove. Mit 16 Taf. u. 1 lithogr. Karte. Nr. 567.

Österreich. Österreichische Geschichte von Prof. Dr. Franz v. Krones, neubearb. von Dr. Karl Uhlirz, Prof. a. d. Univ. Graz. **I:** Von d. Urzeit b. z. Tode König Albrechts II. (1439). Mit 11 Stammtaf. Nr. 104.

— — **II:** Vom Tode König Albrechts II. bis z. Westf. Frieden (1440—1648). Mit 3 Stammtafeln. Nr. 105.

— **Landeskunde v. Österreich-Ungarn** von Dr. Alfred Grund, Prof. an d. Universität Prag. Mit 10 Textillustrationen u. 1 Karte. Nr. 244.

Ovidius Naso, Die Metamorphosen des. In Auswahl mit einer Einleit. u. Anmerk. herausgeg. v. Dr. Jul. Ziehen in Frankfurt a. M. Nr. 442.

Pädagogik im Grundriß von Professor Dr. W. Rein, Direktor d. Pädagog. Seminars a. d. Univ. Jena. Nr. 12.

— **Geschichte der,** von Oberlehrer Dr. H. Weimer in Wiesbaden. Nr. 145.

Paläogeographie. Geolog. Geschichte der Meere und Festländer von Dr. Franz Kossmat in Wien. Mit 6 Karten. Nr. 406.

Paläoklimatologie von Dr. Wilh. R. Eckardt i. Weilburg (Lahn). Nr. 482.

Paläontologie von Dr. Rud. Hoernes, Professor an der Universität Graz. Mit 87 Abbildungen. Nr. 95.

— **und Abstammungslehre** von Dr. Karl Diener, Prof. an der Univers. Wien. Mit 9 Abbild. Nr. 460.

Palästina. Landes- und Volkskunde Palästinas von Lic. Dr. Gustav Hölscher in Halle. Mit 8 Vollbildern und 1 Karte. Nr. 345.

Parallelperspektive. Rechtwinklige u. schiefwinklige Axonometrie v. Prof. J. Vonderlinn in Münster. Mit 121 Figuren. Nr. 260.

Personennamen, Die deutschen, v. Dr. Rud. Kleinpaul in Leipzig. Nr. 422.

Petrographie v. Dr. W. Bruhns, Prof. an der Bergakademie Clausthal. Mit 15 Abbildungen. Nr. 173.

Pflanze, Die, ihr Bau und ihr Leben von Prof. Dr. E. Dennert. Mit 96 Abbildungen. Nr. 44.

Pflanzenbaulehre. Ackerbau- und **Pflanzenbaulehre** von Dr. Paul Rippert in Essen u. Ernst Langenbeck in Groß-Lichterfelde. Nr. 232.

Pflanzenbiologie v. Dr. W. Migula, Professor an d. Forstakademie Eisenach. I: Allgemeine Biologie. Mit 43 Abbildungen. Nr. 127.

Pflanzenernährung. **Agrikulturchemie I:** Pflanzenernährung v. Dr. Karl Grauer. Nr. 329.

Pflanzengeographie von Professor Dr. Ludwig Diels in Marburg (Hessen). Nr. 389.

Pflanzenkrankheiten von Dr. Werner Friedr. Bruck, Privatdoz. i. Gießen. Mit 1 farb. Tafel und 45 Abbildgn. Nr. 310.

Pflanzenmorphologie. **Morphologie u. Organographie d. Pflanzen** von Prof. Dr. M. Nordhausen in Kiel. Mit 123 Abbildungen. Nr. 141.

Pflanzenphysiologie von Dr. Adolf Hansen, Prof. an der Universität Gießen. Mit 43 Abbild. Nr. 591.

Pflanzenreichs, Die Stämme des, von Privatdoz. Dr. Rob. Pilger, Kustos am Kgl. Botan. Garten in Berlin-Dahlem. Mit 22 Abb. Nr. 485.

Pflanzenwelt, Die, der Gewässer von Dr. W. Migula, Prof. a. d. Forstak. Eisenach. Mit 50 Abb. Nr. 158.

Pflanzenzellenlehre. **Zellenlehre und Anatomie der Pflanzen** von Prof. Dr. H. Miehe in Leipzig. Mit 79 Abbildungen. Nr. 556.

Pharmakognosie. Von Apotheker F. Schmitthenner, Assist. a. Botan. Institut d. Techn. Hochschule Karlsruhe. Nr. 251.

Pharmazeutische Chemie von Privatdozent Dr. E. Mannheim in Bonn. 3 Bändchen. Nr. 543/44 u. 588.

Philologie, Geschichte d. klassischen, v. Dr. Wilh. Kroll, ord. Prof. a. d. Univ. Münster in Westf. Nr. 367.

Philosophie, Einführung in die, von Dr. Max Wentscher, Professor an der Universität Bonn. Nr. 281.

Philosophie, Geschichte d., IV: Neuere Philosophie bis Kant von Dr. B. Bauch, Professor an der Universität Jena. Nr. 394.

— — **V: Immanuel Kant** von Dr. Bruno Bauch, Professor an d. Universität Jena. Nr. 536.

— — **VI: Die Philosophie im ersten Drittel des 19. Jahrhunderts** von Arthur Drews, Prof. der Philosophie an der Techn. Hochschule in Karlsruhe. Nr. 571.

— **Hauptprobleme der,** v. Dr. Georg Simmel, Professor an der Universität Berlin. Nr. 500.

— **Psychologie und Logik** zur Einf. in d. Philosophie von Prof. Dr. Th. Elsenhans. Mit 13 Fig. Nr. 14.

Photographie, Die. Von H. Keßler, Prof. an d. k. k. Graphischen Lehr- und Versuchsanstalt in Wien. Mit 3 Taf. und 42 Abbild. Nr. 94.

Physik, Theoretische, von Dr. Gustav Jäger, Prof. der Physik an der Techn. Hochschule in Wien. I. Teil: Mechanik und Akustik. Mit 24 Abbildungen. Nr. 76.

— — II. Teil: Licht u. Wärme. Mit 47 Abbildungen. Nr. 77.

— — III. Teil: Elektrizität u. Magnetismus. Mit 33 Abbild. Nr. 78.

— — IV. Teil: Elektromagnet. Lichttheorie und Elektronik. Mit 21 Fig. Nr. 374.

Physik, Geschichte der, von Prof. A. Kistner in Wertheim a. M. I: Die Physik bis Newton. Mit 13 Fig. Nr. 293.

— — II: Die Physik von Newton bis z. Gegenwart. Mit 3 Fig. Nr. 294.

Physikalisch-Chemische Rechenaufgaben von Prof. Dr. R. Abegg und Privatdozent Dr. O. Sackur, beide an der Univ. Breslau. Nr. 445.

Physikalische Aufgabensammlung von G. Mahler, Prof. der Mathematik u. Physik am Gymnasium in Ulm. Mit den Resultaten. Nr. 243.

Physikalische Formelsammlung von G. Mahler, Prof. am Gymnasium in Ulm. Mit 65 Fig. Nr. 136.
Physikalische Messungsmethoden von Dr. Wilh. Bahrdt, Oberlehrer an d. Oberrealschule in Groß-Lichterfelde. Mit 49 Figuren. Nr. 301.
Physikalische Tabellen v. Dr. A. Leick, Oberlehrer an der Comeniusschule zu Berlin-Schöneberg. Nr. 650.
Physiologische Chemie von Dr. med. A. Legahn in Berlin. **I:** **Assimilation.** Mit 2 Tafeln. Nr. 240.
— — **II:** Dissimilation. **Mit** 1 Taf. Nr. 241.
Physische Geographie von Dr. Siegm. Günther, Prof. an der Kgl. Techn. Hochschule in München. Mit 32 Abbildungen. Nr. 26.
Physische Meereskunde von Prof. Dr. Gerh. Schott, Abteilungsvorst. b. d. Deutsch. Seewarte in Hamburg. M. 39 Abb. im Text u. 8 Taf. Nr. 112.
Pilze, Die. Eine Einführung in die Kenntnis ihrer Formenreihen von Prof. Dr. G. Lindau in Berlin. Mit 10 Figurengruppen i. Text. Nr. 574.
Planetensystem. Astronomie (Größe, Bewegung u. Entfernung d. Himmelskörper) von A. F. Möbius, neu bearb. von Dr. Herm. Kobold, Prof. a. d. Univ. Kiel. **I:** Das Planetensystem. Mit 33 Abbild. Nr. 11.
Plastik, Die, des Abendlandes von Dr. Hans Stegmann, Direktor des Bayer. Nationalmuseums in München. Mit 23 Tafeln. Nr. 116.
— **Die, seit Beginn des 19. Jahrhunderts** von A. Heilmeyer in München. Mit 41 Vollbildern. Nr. 321.
Plattdeutsche Mundarten von Dr. Hub. Grimme, Professor an der Universität Münster i. W. Nr. 461.
Poetik, Deutsche, v. Dr. K. Borinski, Prof. a. d. Univ. München. Nr. 40.
Polarlicht. Erdmagnetismus, Erdstrom u. Polarlicht von Dr. A. Nippoldt, Mitglied des Kgl. Preuß. Meteorolog. Instituts zu Potsdam. Mit 7 Taf. u. 16 Figuren. Nr. 175.
Polnische Geschichte von Dr. Clemens Brandenburger in Posen. Nr. 338.
Pommern. Landeskunde von Pommern von Dr. W. Deecke, Prof. an der Universität Freiburg i. B. Mit 10 Abb. und Karten im Text und 1 Karte in Lithographie. Nr. 575.
Portugiesische Geschichte v. Dr. Gustav Diercks in Berlin-Steglitz. Nr. 622.
Portugiesische Literaturgeschichte von Dr. Karl von Reinhardstoettner, Professor an der Kgl. Techn. Hochschule München. Nr. 213.
Posamentiererei. Textil-Industrie II: Weberei, Wirkerei, Posamentiererei, Spitzen- und Gardinenfabrikation und Filzfabrikation v. Prof. Max Gürtler, Geh. Regierungsrat im Kgl. Landesgewerbeamt zu Berlin. Mit 29 Fig. Nr. 185.
Postrecht von Dr. Alfred Wolcke, Postinspektor in Bonn. Nr. 425.
Preßluftwerkzeuge, Die, von Diplom-Jng. P. Iltis, Oberlehrer an der Kais. Techn. Schule in Straßburg. Mit 82 Figuren. Nr. 493.
Preußische Geschichte. Brandenburgisch-Preußische Geschichte v. Prof. Dr. M. Thamm, Direktor d. Kaiser Wilhelms-Gymnasiums in Montabaur. Nr. 600.
Preußisches Staatsrecht von Dr. Fritz Stier-Somlo, Prof. an der Univ. Bonn. 2 Teile. Nr. 298, 299.
Psychiatrie, Forensische, von Professor Dr. W. Weygandt, Dir. der Irrenanstalt Friedrichsberg in Hamburg. 2 Bändchen. Nr. 410 und 411.
Psychologie und Logik zur Einführung in d. Philosophie v. Prof. Dr. Th. Elsenhans. Mit 13 Fig. Nr. 14.
Psychophysik, Grundriß der, v. Prof. Dr. G. F. Lipps in Zürich. Mit 3 Figuren. Nr. 98.
Pumpen, Druckwasser- und Druckluft-Anlagen. Ein kurzer Überblick von Dipl.-Jng. Rudolf Vogdt, Regierungsbaumeister a. D. in Aachen. Mit 87 Abbildungen. Nr. 290.
Quellenkunde d. deutschen Geschichte von Dr. Carl Jacob, Prof. an der Universität Tübingen. 1. Band. Nr. 279.
Radioaktivität von Dipl.-Jng. Wilh. Frommel. Mit 21 Abbildungen Nr. 317.
Rechnen, Das, in der Technik u. seine Hilfsmittel (Rechenschieber, Rechentafeln, Rechenmaschinen usw.) von Jng. Joh. Eug. Mayer in Freiburg i. Br. Mit 30 Abbild. Nr. 405.

Rechnen, Kaufmännisches, von Prof. Richard Just, Oberlehrer an der Öffentlichen Handelslehranstalt der Dresdener Kaufmannschaft. I. II. III. Nr. 139, 140, 187.

Recht des Bürgerlichen Gesetzbuchs. Erstes Buch: Allg. Teil. I: Einleitung — Lehre v. d. Personen u. v. d. Sachen v. Dr. P. Oertmann, Prof. a. d. Univ. Erlangen. Nr. 447.

— — II: Erwerb u. Verlust, Geltendmachung u. Schutz der Rechte von Dr. Paul Oertmann, Professor an der Universität Erlangen. Nr. 448.

— Zweites Buch: Schuldrecht. I. Abteilung: Allgemeine Lehren von Dr. Paul Oertmann, Professor an der Universität Erlangen. Nr. 323.

— — II. Abt.: Die einzelnen Schuldverhältnisse v. Dr. Paul Oertmann, Prof. an der Universität Erlangen. Nr. 324.

— Drittes Buch: Sachenrecht von Dr. F. Kretzschmar, Oberlandesgerichtsrat in Dresden. I: Allgem. Lehren. Besitz und Eigentum. Nr. 480.

— — II: Begrenzte Rechte. Nr. 481.

— Viertes Buch: Familienrecht von Dr. Heinrich Titze, Professor an der Universität Göttingen. Nr. 305.

Recht der Versicherungsunternehmungen, Das, von Regierungsrat a. D. Dr. jur. K. Leibl, erstem Direktor der Nürnberger Lebensversicherungsbank, früher Mitglied des Kaiserlichen Aufsichtsamts für Privatversicherung. Nr. 635.

Rechtsschutz, Der internationale gewerbliche, von J. Neuberg, Kaiserl. Regierungsrat, Mitglied d. Kaiserl. Patentamts zu Berlin. Nr. 271.

Rechtswissenschaft, Einführung in die, von Dr. Theodor Sternberg in Berlin. I: Methoden- und Quellenlehre. Nr. 169.

— — II: Das System. Nr. 170.

Redelehre, Deutsche, v. Hans Probst, Gymnasialprof. in Bamberg. Nr. 61.

Redeschrift siehe: Stenographie.

Reichsfinanzen, Die Entwicklung der, von Präsident Dr. R. van der Borght in Berlin. Nr. 427.

Religion, Die Entwicklung der christlichen, innerhalb des Neuen Testaments von Professor Dr. Lic. Carl Clemen. Nr. 388.

Religion, Die, des Judentums im Zeitalter des Hellenismus u. der Römerherrschaft von Lic. Dr. W. Staerk (Neutestamentliche Zeitgeschichte II.) Mit einer Planskizze. Nr. 326.

Religionen der Naturvölker, Die, von Dr. Th. Achelis, Professor in Bremen. Nr. 449.

Religionswissenschaft, Abriß der vergleichenden, von Professor Dr. Th. Achelis in Bremen. Nr. 208.

Renaissance. Die Kultur der Renaissance. Gesittung, Forschung, Dichtung v. Dr. Robert F. Arnold, Prof. a. d. Univers. Wien. Nr. 189.

Reptilien. Das Tierreich III: Reptilien und Amphibien. Von Dr. Franz Werner, Prof. a. d. Univers. Wien. Mit 48 Abb. Nr. 383.

Rheinprovinz, Landeskunde der, von Dr. V. Steinecke, Direktor d. Realgymnasiums in Essen. Mit 9 Abb., 3 Kärtchen und 1 Karte. Nr. 308.

Riechstoffe. Ätherische Öle und Riechstoffe von Dr. F. Rochussen in Miltitz. Mit 9 Abb. Nr. 446.

Roman. Geschichte des deutschen Romans von Dr. Hellm. Mielke. Nr. 229.

Romanische Sprachwissenschaft von Dr. Adolf Zauner, Prof. a. d. Univ. Graz. 2 Bände. Nr. 128, 250.

Römische Altertumskunde von Dr. Leo Bloch in Wien. M. 8 Vollb. Nr. 45.

Römische Geschichte von Realgymnasial-Direktor Dr. Jul. Koch in Grunewald. Nr. 19.

Römische Literaturgeschichte von Dr. Herm Joachim in Hamburg. Nr. 52.

Römische und griechische Mythologie von Professor Dr. Hermann Steuding, Rektor des Gymnasiums in Schneeberg. Nr. 27.

Römische Rechtsgeschichte von Dr. Robert von Mayr, Prof. an der Deutschen Univers. Prag. 1. Buch: Die Zeit d. Volksrechtes. 1. Hälfte: Das öffentliche Recht. Nr. 577.

— — 2. Hälfte: Das Privatrecht. Nr. 578.

— 2. Buch: Die Zeit des Amts- und Verkehrsrechtes. 1. Hälfte: Das öffentliche Recht. Nr. 645.

— — 2. Hälfte: Das Privatrecht I. Nr. 646.

— — 2. Hälfte: Das Privatrecht II. Nr. 647.

Schweiß- und Schneidverfahren, Das autogene, von Ingenieur Hans Niese in Kiel. Mit 30 Fig. Nr. 499.

Schweiz. Schweizerische Geschichte von Dr. K. Dändliker, Professor an der Universität Zürich. Nr. 188.

— **Landeskunde der Schweiz** von Prof. Dr. H. Walser in Bern. Mit 16 Abb. und 1 Karte. Nr. 398.

Schwimmanstalten. Öffentl. Bade- und Schwimmanstalten von Dr. Karl Wolff, Stadt-Oberbaurat in Hannover. Mit 50 Fig. Nr. 380.

Seemacht, Die, in der deutschen Geschichte von Wirkl. Admiralitätsrat Dr. Ernst von Halle, Professor an der Universität Berlin. Nr. 370.

Seerecht, Das deutsche, von Dr. Otto Brandis, Oberlandesgerichtsrat in Hamburg. **I:** Allgemeine Lehren: Personen und Sachen des Seerechts. Nr. 386.

— — **II:** Die einzelnen seerechtlichen Schuldverhältnisse: Verträge des Seerechts und außervertragliche Haftung. Nr. 387.

Seifenfabrikation, Die, die Seifenanalyse und d. Kerzenfabrikation v. Dr. Karl Braun in Berlin. (Die Fette u. Öle II.) Mit 25 Abbildgn. Nr. 336.

Semitische Sprachwissenschaft von Dr. C. Brockelmann, Professor an der Univers. Königsberg. Nr. 291.

Serbokroatische Grammatik von Dr. Vladimir Ćorović, Bibliothekar des bosn.-herzegow. Landesmuseums in Sarajevo (Bosnien). Nr. 638.

Silikate. Industrie der Silikate, der künstlichen Bausteine und des Mörtels von Dr. Gustav Rauter in Charlottenburg. **I:** Glas u. keramische Industrie. M. 12 Taf. Nr. 233.

— — **II:** Die Industrie der künstlichen Bausteine und des Mörtels. Mit 12 Tafeln. Nr. 234.

Simplicius Simplicissimus von Hans Jakob Christoffel v. Grimmelshausen. In Auswahl herausgeg. von Prof. Dr. F. Bobertag, Dozent an der Universität Breslau. Nr. 138.

Skandinavien, Landeskunde von, (Schweden, Norwegen u. Dänemark) von Heinrich Kerp, Kreisschulinspektor in Kreuzburg. Mit 11 Abb. und 1 Karte. Nr. 202.

Slavische Literaturgeschichte von Dr. Josef Karásek in Wien. **I:** Ältere Literatur bis zur Wiedergeburt. Nr. 277.

— — **II:** Das 19. Jahrh. Nr. 278.

Soziale Frage. Die Entwicklung der sozialen Frage von Professor Dr. Ferdin. Tönnies. Nr. 353.

Sozialversicherung von Prof. Dr. Alfred Manes in Berlin. Nr. 267.

Soziologie von Prof. Dr. Thomas Achelis in Bremen. Nr. 101.

Spalt- und Schleimpilze. Eine Einführung in ihre Kenntnis von Prof. Dr. Gustav Lindau, Kustos am Kgl. Botanischen Museum und Privatdozent der Botanik an der Universität Berlin. Mit 11 Abbildungen. Nr. 642.

Spanien. Spanische Geschichte von Dr. Gustav Diercks. Nr. 266.

— **Landeskunde der Iberischen Halbinsel** v. Dr. Fritz Regel, Prof. an der Univ. Würzburg. Mit 8 Kärtchen und 8 Abbild. im Text und 1 Karte in Farbendruck. Nr. 235.

Spanische Handelskorrespondenz von Dr. Alfredo Nadal de Mariezcurrena. Nr. 295.

Spanische Literaturgeschichte v. Dr. Rud. Beer, Wien. I. II. Nr. 167, 168.

Speicher, Industrielle und gewerbliche Bauten (Speicher, Lagerhäuser u. Fabriken) v. Architekt Heinr. Salzmann in Düsseldorf. **II:** Speicher u. Lagerhäuser. Mit 123 Fig. Nr. 512.

Spinnerei. Textilindustrie I: Spinnerei und Zwirnerei von Prof. Max Gürtler, Geh. Regierungsrat im Königl. Landesgewerbeamt zu Berlin. Mit 39 Figuren. Nr. 184.

Spitzenfabrikation. Textilindustrie II: Weberei, Wirkerei, Posamentiererei, Spitzen- und Gardinenfabrikat. u. Filzfabrikation von Prof. Max Gürtler, Geh. Regierungsrat im Kgl. Landesgewerbeamt zu Berlin. Mit 29 Fig. Nr. 185.

Spruchdichtung. Walther von der Vogelweide mit Auswahl aus Minnesang und Spruchdichtung. Mit Anmerkgn. u. einem Wörterbuch v. Otto Güntter, Prof. a. d. Oberrealschule u. an der Technischen Hochschule in Stuttgart. Nr. 23.

Staatslehre, Allgemeine, von Dr. Hermann Rehm, Prof. a. d. Universität Straßburg i. E. Nr. 358.

Staatsrecht, Allgemeines, von Dr. Julius Hatschek, Prof. d. Rechte an der Universität Göttingen. 3 Bändchen. Nr. 415—417.

Staatsrecht, Preußisches, von Dr. Fritz Stier-Somlo, Prof. a. d. Universität Bonn. 2 Teile. Nr. 298, 299.

Stammeskunde, Deutsche, von Dr. Rudolf Much, a. o. Prof. a. d. Univ. Wien. M. 2 Kart. u. 2 Taf. Nr. 126.

Statik von W. Hauber, Dipl.-Ing. I. Teil: **Die Grundlehren der Statik starrer Körper.** Mit 82 Fig. Nr. 178.

— — II. Teil: **Angewandte Statik.** Mit 61 Figuren. Nr. 179.

—, **Graphische,** mit besond. Berücksichtig. der Einflußlinien von Kgl. Oberlehrer Dipl.-Ing. Otto Henkel in Rendsburg. 1. Teil. Mit 121 Fig. Nr. 603.

Steinhauerarbeiten. Maurer- und Steinhauerarbeiten von Prof. Dr. phil. und Dr.-Ing. Eduard Schmitt in Darmstadt. 3 Bändchen. Mit vielen Abbildungen. Nr. 419—421.

Stenographie. Geschichte der Stenographie von Dr. Arthur Mentz in Königsberg i. Pr. Nr. 501.

Stenographie n. d. System v. F. X. Gabelsberger von Dr. Albert Schramm, Landesamtsassessor in Dresden. Nr. 246.

— **Die Redeschrift des Gabelsbergerschen Systems** von Dr. Albert Schramm, Landesamtsassessor in Dresden. Nr. 368.

Stenographie. Lehrbuch d. Vereinfachten Deutschen Stenographie (Einig.-System Stolze-Schrey) nebst Schlüssel, Lesestücken u. einem Anhang von Professor Dr. Amsel, Oberlehrer des Kadettenkorps in Lichterfelde. Nr. 86.

— **Redeschrift.** Lehrbuch der Redeschrift d. Systems Stolze-Schrey nebst Kürzungsbeisp., Lesestücken, Schlüssel und einer Anleitung zur Steigerung der stenographischen Fertigkeit von Heinrich Dröse, amtl. bad. Landtagsstenograph in Karlsruhe (B.). Nr. 494.

Stereochemie von Dr. E. Wedekind, Prof. an der Universität Tübingen. Mit 34 Abbildungen. Nr. 201.

Stereometrie von Dr. R. Glaser in Stuttgart. Mit 66 Fig. Nr. 97.

Sternsystem. Astronomie. Größe, Bewegung u. Entfernung d. Himmelskörper v. A. F. Möbius, neu bearb. v. Dr. Herm. Kobold, Prof. a. d. Univers. Kiel. **II:** Kometen, Meteore u. das Sternsystem. Mit 15 Fig. u. 2 Sternkarten. Nr. 529.

Steuersysteme des Auslandes, Die, v. Geh. Oberfinanzrat O. Schwarz in Berlin. Nr. 426.

Stilkunde v. Prof. Karl Otto Hartmann in Stuttgart. Mit 7 Vollbild. u. 195 Textillustrationen. Nr. 80.

Stöchiometrische Aufgabensammlung von Dr. Wilh. Bahrdt, Oberl. an d. Oberrealschule in Groß-Lichterfelde. Mit den Resultaten. Nr. 452.

Straßenbahnen von Dipl.-Ing. Aug. Boshart in Nürnberg. Mit 72 Abbildungen. Nr. 559.

Strategie von Löffler, Major im Kgl. Sächs. Kriegsmin. i. Dresd. Nr. 505.

Ströme und Spannungen in Starkstromnetzen v. Jos. Herzog, Dipl.-Elektroing. in Budapest u. Clarence Feldmann, Prof. d. Elektotechnik in Delft. Mit 68 Abb. Nr. 456.

Südamerika. Geschichte Südamerikas von Dr. Hermann Lufft. **I:** Das spanische Südamerika (Chile, Argentinien und die kleineren Staaten). Nr. 632.

Südseegebiet. Die deutschen Kolonien II: Das Südseegebiet und Kiautschou v. Prof. Dr. K. Dove. M. 16 Taf. u. 1 lith. Karte. Nr. 520.

Talmud. Die Entstehung des Talmuds von Dr. S. Funk in Boskowitz. Nr. 479.

Talmudproben von Dr. S. Funk in Boskowitz. Nr. 583.

Technisch-Chemische Analyse von Dr. G. Lunge, Prof. a. d. Eidgenöss. Polytechn. Schule in Zürich. Mit 16 Abbildungen. Nr. 195.

Technische Tabellen und Formeln von Dr.-Ing. W. Müller, Dipl.-Ing. am Kgl. Materialprüfungsamt zu Groß-Lichterfelde. Mit 106 Figuren. Nr. 579.

Togo. Die deutschen Kolonien I: Togo und Kamerun von Prof. Dr. Karl Dove. Mit 16 Tafeln und einer lithographischen Karte. Nr. 441.

Toxikologische Chemie von Privatdozent Dr. E. Mannheim in Bonn. Mit 6 Abbildungen. Nr. 465.

Trigonometrie, Ebene und sphärische, von Prof. Dr. Gerh. Hessenberg in Breslau. Mit 70 Fig. Nr. 99.

Tropenhygiene v. Medizinalrat Prof. Dr. Nocht, Direktor des Instituts für Schiffs- und Tropenkrankheiten in Hamburg. Nr. 369.

Trust. Kartell und Trust von Dr. S. Tschierschky in Düsseldorf. Nr. 522.

Turnen, Das deutsche, v. Dr. Rudolf Gasch, Prof. a. König Georg-Gymn. in Dresden. Mit 87 Abb. Nr. 628.

Turnkunst, Geschichte der, von Dr. Rudolf Gasch, Prof. a. König Georg-Gymnasium in Dresden. Mit 17 Abbildungen. Nr. 504.

Ungarn. Landeskunde von Österreich-Ungarn von Dr. Alfred Grund, Prof. an der Universität Prag. Mit 10 Textillustr. u. 1 Karte. Nr. 244.

Ungarische Literatur, Geschichte der, von Prof. Dr. Ludwig Katona und Dr. Franz Szinnyei, beide an der Universität Budapest. Nr. 550.

Ungarische Sprachlehre v. Dr. Josef Szinnyei, o. ö. Prof. an der Universität Budapest. Nr. 595.

Unterrichtswesen. Geschichte d. deutschen Unterrichtswesens von Prof. Dr. Friedrich Seiler, Direktor des Kgl. Gymnasiums zu Luckau. **I.** Teil: **Von Anfang an bis zum** Ende d. 18. Jahrh. Nr. 275.

— — **II. Teil: Vom Beginn des** 19. **Jahrhunderts bis auf die** Gegenwart. Nr. 276.

Untersuchungsmethoden, Agrikulturchemische, von Prof. Dr. Emil Haselhoff, Vorsteher der landwirtschaftlichen Versuchsstation in Marburg in Hessen. Nr. 470.

Urgeschichte der Menschheit von Dr. Moritz Hoernes, Professor an der Univ. Wien. Mit 85 Abb. Nr. 42.

Urheberrecht, Das, an Werken der Literatur und der Tonkunst, das Verlagsrecht und das Urheberrecht an Werken d. bildenden Künste u. Photographie v. Staatsanw. Dr. J. Schlittgen in Chemnitz. Nr. 361.

Urheberrecht, Das deutsche, an literarischen, künstlerischen u. gewerbl. Schöpfungen, mit besonderer Berücksichtigung der internationalen Verträge von Dr. Gustav Rauter, Patentanwalt in Charlottenburg. Nr. 263.

Urzeit. Kultur der Urzeit von Dr. Moritz Hoernes, o. ö. Prof. an der Univ. Wien. 3 Bändch. **I:** Steinzeit. Mit 40 Bildergrupp. Nr. 564.

— — **II:** Bronzezeit. Mit 36 Bildergruppen. Nr. 565.

— — **III:** Eisenzeit. Mit 35 Bildergruppen. Nr. 566.

Vektoranalysis von Dr. Siegfr. Valentiner, Prof. an der Bergakademie in Clausthal. Mit 16 Fig. Nr. 354.

Veranschlagen, Das, im Hochbau. Kurzgefaßtes Handbuch üb. d. Wesen d. Kostenanschlags v. Architekt Emil Beutinger, Assistent an der Technischen Hochschule in Darmstadt. Mit vielen Fig. Nr. 385.

Vereinigte Staaten. Landeskunde der Vereinigten Staaten von Nordamerika von Professor Heinrich Fischer, Oberlehrer am Luisenstädt. Realgymnasium in Berlin. I. Teil: Mit 22 Karten und Figuren im Text und 14 Tafeln. Nr. 381.

— — II. Teil: Mit 3 Karten im Text, 17 Taf. u. 1 lith. Karte. Nr. 382.

Vergil. Die Gedichte des P. Vergilius Maro. In Auswahl mit einer Einleitung u. Anmerkungen herausgeg. von Dr. Julius Ziehen. **I:** Einleitung und Aeneis. Nr. 497.

Vermessungskunde von Dipl.-Ing. P. Werkmeister, Oberlehrer an der Kais. Techn. Schule in Straßburg i. E. **I:** Feldmessen und Nivellieren. Mit 146 Abb. Nr. 468.

— — **II:** Der Theodolit. Trigonometrische u. barometr. Höhenmessung. Tachymetrie. Mit 109 Abbildungen. Nr. 469.

Versicherungsmathematik von Dr. Alfred Loewy, Professor an der Universität Freiburg i. B. Nr. 180.

Versicherungswesen, Das, von Dr. iur. Paul Moldenhauer, Professor der Versicherungswissenschaft an der Handelshochschule Köln. **I:** Allgemeine Versicherungslehre. Nr. 262.

— — **II:** Die einzelnen Versicherungszweige. Nr. 636.

Völkerkunde v. Dr. Michael Haberlandt, k. u. k. Kustos d. ethnogr. Sammlung d. naturhist. Hofmuseums u. Privatdozent a. d. Univ. Wien. Mit 56 Abbild. Nr. 73.

Völkernamen. Länder- u. Völkernamen von Dr. Rudolf Kleinpaul in Leipzig. Nr. 478.

Volksbibliotheken (Bücher- u. Lesehallen), ihre Einrichtung u. Verwaltung v. Emil Jaeschke, Stadtbibliothekar in Elberfeld. Nr. 332.

Volkslied, Das deutsche, ausgewählt und erläutert von Prof. Dr. Jul. Sahr. 2 Bändchen. Nr. 25, 132

Volkswirtschaftslehre von Dr. Carl Johs. Fuchs, Professor an der Universität Tübingen. Nr. 133.

Volkswirtschaftspolitik v. Präsident Dr. R. van der Borght, Berlin. Nr. 177.

Waffen, Die blanken, und die Schutzwaffen, ihre Entwicklung von der Zeit der Landsknechte bis zur Gegenwart m. besonderer Berücksichtigung der Waffen in Deutschland, Österreich-Ungarn und Frankreich von W. Gohlke, Feuerwerks-Major a. D. in Berlin-Steglitz. Mit 115 Abbildungen. Nr. 631.

Wahrscheinlichkeitsrechnung von Dr. Franz Hack, Professor am Eberhard-Ludwigs-Gymnasium in Stuttgart. Mit 15 Fig. im Text. Nr. 508.

Waldeck. Landeskunde des Großherzogtums Hessen, der Provinz Hessen-Nassau und des Fürstentums Waldeck von Professor Dr. Georg Greim in Darmstadt. Mit 13 Abbildungen und 1 Karte. Nr. 376.

Waltharilied, Das, im Versmaße der Urschrift übersetzt u. erläutert von Prof. Dr. H. Althof, Oberlehrer am Realgymnas. in Weimar. Nr. 46.

Walther von der Vogelweide, mit Auswahl a. Minnesang u. Spruchdichtung. Mit Anmerkgn. u. einem Wörterbuch v. Otto Güntter, Prof. a. d. Oberrealschule und an der Techn. Hochsch. in Stuttgart. Nr. 23.

Walzwerke. Die, Einrichtung und Betrieb. Von Dipl.-Ing. A. Holverscheid, Oberlehrer a. d. Kgl. Maschinenbau- u. Hüttenschule in Duisburg. Mit 151 Abbild. Nr. 580.

Warenhäuser. Geschäfts- u. Warenhäuser von Hans Schliepmann, Königl. Baurat in Berlin. **I:** Vom Laden zum „Grand Magasin". Mit 23 Abbildungen. Nr. 655.

— — **II:** Die weitere Entwickelung der Kaufhäuser. Mit 39 Abbildungen. Nr. 656.

Warenkunde von Dr. Karl Hassack, Prof. u. Leiter der k. k. Handelsakademie in Graz. I. Teil: Unorganische Waren. M. 40 Abb. Nr. 222.

— — II. Teil: Organische Waren. Mit 36 Abbildungen. Nr. 223.

Warenzeichenrecht, Das. Nach dem Gesetz z. Schutz d. Warenbezeichnungen v. 12. Mai 1894. Von Reg.-Rat J. Neuberg, Mitglied des Kais. Patentamts zu Berlin. Nr. 360.

Wärme. Theoretische Physik II. T.: Licht u. Wärme. Von Dr. Gustav Jäger, Prof. a. d. Techn. Hochschule Wien. Mit 47 Abbildgn. Nr. 77.

Wärmekraftmaschinen. Die thermodynamischen Grundlagen der Wärmekraft- u. Kältemaschinen von M. Röttinger, Diplom-Ing. in Mannheim. M. 73 Fig. Nr. 2.

Wärmelehre, Technische, (Thermodynamik) v. K. Walther u. M. Röttinger, Dipl.-Ing. Mit 54 Figuren. Nr. 242.

Wäscherei. Textilindustrie III: Wäscherei, Bleicherei, Färberei und ihre Hilfsstoffe von Dr. Wilh. Massot, Prof. an der Preuß. höh. Fachschule für Textilindustrie in Krefeld. Mit 28 Figuren. Nr. 186.

Wasser, Das, und seine Verwendung in Industrie und Gewerbe v. Dr. Ernst Leher, Dipl.-Ing. in Saalfeld. Mit 15 Abbildungen. Nr. 261.

Wasser und Abwässer. Ihre Zusammensetzung, Beurteilung u. Untersuchung v. Prof. Dr. Emil Haselhoff, Vorst. d. landwirtsch. Versuchsstation in Marburg in Hessen. Nr. 473.

Wasserinstallationen. Gas- und Wasserinstallationen mit Einschluß der Abortanlagen v. Prof. Dr. phil. u. Dr.-Ing. Eduard Schmitt in Darmstadt. Mit 119 Abbild. Nr. 412.

Wasserturbinen, Die, von Dipl.-Ing. P. Holl in Berlin. **I:** Allgemeines. Die Freistrahlturbinen. Mit 113 Abbildungen. Nr. 541.

Württemberg. Landeskunde des Königreichs Württemberg von Dr. K. Hassert, Professor der Geographie an der Handelshochschule in Köln. Mit 16 Vollbildern u. 1 Karte. Nr. 157.

Zeichenschule von Prof. K. Kimmich in Ulm. Mit 18 Tafeln in Ton-, Farben- und Golddruck und 200 Voll- und Textbildern. Nr. 39.

Zeichnen, Geometrisches, von H. Becker, Architekt und Lehrer an der Baugewerkschule in Magdeburg, neu bearbeitet von Prof. J. Vonderlinn, Direktor der königl. Baugewerkschule zu Münster. Mit 290 Fig. u. 23 Taf. im Text. Nr. 58.

Zeitungswesen, Das deutsche, von Dr. R. Brunhuber, Köln a. Rh. Nr. 400.

Zeitungswesen, Das moderne, (Syst. d. Zeitungslehre) von Dr. Robert Brunhuber in Köln a. Rh. Nr. 320.

Zeitungswesen, Allgemeine Geschichte des, von Dr. Ludwig Salomon in Jena. Nr. 351.

Zellenlehre und Anatomie der Pflanzen von Prof. Dr. H. Miehe in Leipzig. Mit 79 Abbild. Nr. 556.

Zentral-Perspektive von Architekt Hans Freyberger, neu bearbeitet von Professor J. Vonderlinn, Direktor der Königl. Baugewerkschule in Münster i. Westf. Mit 132 Fig. Nr. 57.

Zimmerarbeiten von Carl Opitz, Oberlehrer an der Kais. Techn. Schule in Straßburg i. E. I: Allgemeines, Balkenlagen, Zwischendecken und Deckenbildungen, hölz. Fußböden, Fachwerkswände, Hänge- und Sprengwerke. Mit 169 Abbildungen. Nr. 489.

— — II: Dächer, Wandbekleidungen, Simsschalungen, Block-, Bohlen- und Bretterwände, Zäune, Türen, Tore, Tribünen und Baugerüste. Mit 167 Abbildungen. Nr. 490.

Zivilprozeßrecht, Deutsches, von Prof. Dr. Wilhelm Kisch in Straßburg i. E. 3 Bände. Nr 428—430.

Zoologie, Geschichte der, von Prof. Dr. Rud. Burckhardt. Nr. 357.

Zündwaren von Direktor Dr. Alfons Bujard, Vorstand des Städtischen Chem. Laboratoriums Stuttgart. Nr. 109.

Zwangsversteigerung, Die, und die Zwangsverwaltung von Dr. F. Kretzschmar, Oberlandesgerichtsrat in Dresden. Nr. 523.

Zwirnerei. Textilindustrie I: Spinnerei und Zwirnerei von Prof. Max Gürtler, Geh. Regierungsrat im Königlichen Landesgewerbeamt zu Berlin. Mit 39 Figuren. Nr. 184.

Weitere Bände sind in Vorbereitung.

Roßberg'sche Buchdruckerei, Leipzig

FSC
www.fsc.org
MIX
Papier | Fördert
gute Waldnutzung
FSC® C083411

Kolibri 360 GmbH
Ferdinand-Jühlke-Straße 7
99095 Erfurt, Deutschland
produktsicherheit@kolibri360.de